Letting Go of your Ex

和前任說再見

陪你克服分手後的痛苦與愛情成癮

CBT Skills to Heal the Pain of a Breakup
And Overcome Love Addiction

臨床心理師
寇特妮·索德林·華倫博士 著
CORTNEY SODERLIND WARREN PhD

屈家信 譯

【推薦①】

走出思念的痛，從癮中復原

文／蘇益賢（臨床心理師、「心理師想跟你說」共同創辦人）

想念是會呼吸的痛　它活在我身上所有角落
哼你愛的歌會痛　看你的信會痛　連沉默也痛
遺憾是會呼吸的痛　它流在血液中來回滾動
後悔不貼心會痛　恨不懂你會痛　想見不能見最痛

——節錄自《會呼吸的痛》／詞：姚若龍

不知從何時開始，你強烈地依賴他。你感覺自己沒辦法控制這種依賴，卻又矛盾地發現，這樣的依賴或需要，已然為你的人生帶來負面影響。那種渴求是一種難以移除的習慣。也是一種明「知道」要改變，卻難以「做到」的那種改變。

周遭的朋友總跟你說，他並不好。理智上你能理解真的是這樣。但情感上，卻總是無法說放就放，放自己一馬、也放對方一馬。你希望自己可以快點擺脫他，卻又害怕真正擺脫他的那一天……

這裡所描述的「他」，原先指的是讓人陷入物質成癮的菸、酒、藥物或毒品。但其實成癮現象也能發生在行為層面，從網路使用、購物，乃至於「陷入一段關係而走不出來」，本質都是癮的展現。

儘管癮的對象不同，但懊悔、矛盾、自責、罪惡這些情緒，卻都時常發生在為癮所困的人身上。本書以「為情所困」這種癮為主軸，是坊間相關書籍中較少見，卻分外重要的議題。畢竟，為情所困雖是人之常情，要如何從此困中跳脫，找到海闊天空的下一步，卻未必人人有解。

作者將過往探討成癮現象的重要元素進行討論，並將之整合為一套應對前任上癮的步驟。除了從成癮行為的本質找方法之外，作者也將具有實證治療效果的認知行為療法融入本書，帶領讀者認識自動化思維、失功能信念、觸發因素、成長經驗如何形塑自己對愛的理解，乃至於更深植個人內在的核心信念，推動讀者透過這些元素，更認識在關係之中自己的模樣。此外，界限、哀悼與原諒等議題的納入，也讓這本探討關係之癮、自我重整的書多了一些深度與廣度。

下次，在我們苦口婆心，勸告那位走不出來的朋友「別再想前任了！」「你該忘了他／她，去過自己的人生」時，不妨同時送上本書，讓朋友讀、甚至陪朋友讀一讀。讓對方慢慢發現，困在這種癮的自己並不孤單。同時，此刻你所承受的那種苦，背後其來有自——不管是以大腦的角度、行為的角度，還是成癮現象的本質；理解苦的出處，讓我們比較能夠接納，甚至是去慈悲、去轉化這樣的苦。而這正是我們能否從癮中走出，做出改變的重要關鍵。

最後，在繼續踏上閱讀與療癒之路前，幾個提醒也想邀請讀者一起帶上：

（一）放慢腳步，不用急著看完。如果你還在與前任糾纏的過程中，光是看到某些現象討論或案例描述，可能就會引發一些情緒。在情緒強烈時，請先慢下來，給自己一些時間消化這些情緒。

（二）當各式負面情緒，如懷疑、後悔、懊惱等益發強烈，並讓你慢慢浮現「不想改變了」「想放棄」的念頭時，試著和你信任的親人、朋友聊聊。不知道要聊什麼，就聊聊這本書吧。和對方分享你目前從這本書裡學到了什麼，也分享你此刻正卡在想改變又想維持的矛盾裡。讓親友成為你復原之路上的啦啦隊，別讓自己孤軍奮戰。

（三）誠如作者提醒，如果自己咀嚼、消化這些內容對當下的你來說比較辛苦，不妨考慮讓心理師陪你走過這一段路，你也可以和心理師聊聊你在這本書中所觀察到的自己，讓療癒之路走得更穩健。

祝福每位感受到被困住的讀者，都能因本書、因自己的內在力量，找回自由以及再次愛人的勇氣。

【推薦②】

你的變好，不需要以他的看見為依靠

文／海苔熊（諮商心理師、愛情科普作家）

「要不要解除好友？要不要退追他？可是，就算是做了這些事，還是可以加回來，而且他如果看到我退追了，他會怎麼想？昨天我去看他限動，他會不會知道我仍在意他？我不想讓他覺得我好像還很在乎，但我又好想讓他看到……」

從事親密關係創作十多年來，常常收到許多感情的困惑，只要是談到和失戀有關的，上面這種「要不要繼續聯絡」的問題必是排行第一。過往我總沒有什麼確切答案，因為對我來說每個人療傷都有各自的旅程，是急不得的，況且我的經驗是，就算我建議退追或刪除聯繫方式，當事人往往也會用「可是……」「但是……」甚至表面上答應你，但實際上刪了之後又加回去應付了事。

而這本書卻堅決建議你**「如果你要變好，就要減少聯絡」**等等！如果撐不住、情緒崩潰怎麼辦？如果我還是很想他，衝到他家樓下怎麼辦？整天壓抑自己對前任的思念，難道不會爆炸嗎？

先和痛苦在一起

答案是，會。上面這些「因為沒有和前任接觸而出現的各種情緒爆炸」，作者稱之為「消弱爆衝」（extinction burst），就像是你強迫酒癮者戒酒一樣，他絕對會出現戒斷症狀。所以，你不能夠只有這一招，還得搭配別招才行：**你怎麼了？你何時會「發作」？發作的時候你做哪些事情可以讓自己舒服一點？**作者也提供過渡時期的解方，例如，倘若你還是會常常想起他，不如限制自己在一個固定的時間內狂想他，例如晚上十點到十點三十分。

還有一個貫穿本書的做法就是撰寫**監控日誌**，包含記錄你何時會想聯絡他、想起他的時候你會想到什麼相關的念頭（他一定又跟某人在一起了、我就是不夠好他才會離開我）、當下的痛苦程度，以及（最重要的）**你現在選擇做出的行為，可能會產生怎樣的後果**。有的人可能會覺得要動筆寫日記很麻煩，你也可以寫在手機記事本裡，而且如果你熟練了，甚至可以很快速地在腦袋裡面跑過一輪。這個方法可以陪你度過難熬時刻，也能減少你做出讓自己後悔的莽撞行為。

再和想法辯論

當你能夠感受並且承認自己的痛苦之後，接下來要處理的是更深的議題：一些頑固的非理性信念。這通常來自於原生家庭、文化或者過往你的戀愛經驗。作者採用亞伯・艾里斯（Albert Ellis）的3Ds步驟，包括：

①偵測（detect）：你的想法當中有些是「紅旗思維」（想像一下出現這個想法的時候，腦袋裡面有一個小士兵舉起紅色的旗子），出現此類想法時要先喊「停！」

②辯論（debate）：舉出支持和反駁①的證據。注意，這裡的關鍵在於，①有可能「有時候是對的」，甚至作者指出，①可能在「過去是對的」，所以你才會深信不疑。你不一定要完全推翻①，但你可以嘗試找出更多可能性。

③分辨（discriminate）：重新改寫①，用一個更多元、公平的角度來看待自己。

這個過程並不容易，所以作者才說要反覆練習，我自己跟著書中步驟操作起來的經驗是，一開始就算只有1D也沒關係，失戀已經夠痛苦了，就不要再過度地逼迫自己了。慢慢你可以推展到1D、2D，最後走完3Ds。

在理性裡保留溫暖

根據過去的心理學研究，百分之八十左右的被動分手者（就是被甩的那一個）在失戀半年後會逐漸好轉，儘管如此，還是有一些「「殘渣」在心裡面留下來，因此就算有SOP，也不代表你要「趕快好起來」。有時候越著急，越緩慢。失戀這條路就像一場馬拉松，給自己多一點空間，總會有抵達終點的那天。

另外，我也很喜歡書裡面所採取的「優勢觀點」。倘若你努力了很久，最後還是忍不住去聯絡對方，那麼相較於責備自己為什麼破功，不如去稱讚自己已經很拚命了，這樣的溫暖和觀點轉換，會成為失戀這條路上很重要的補給品。

最後我想說，你值得變好，你的變好不需要以他的看見為依靠。守住那些非理性信念，的確會讓你有某種安心的感覺，但也會讓你困在原點；試著去相信一些不一樣的事情，嶄新的人生或許就會在你面前開啟。

《和前任說再見》是一本精心撰寫的自助指南，專為幫助那些在分手後難以放下舊愛的人所設計。基於認知行為療法對成癮的概念，寇特妮・索德林・華倫巧妙地引導讀者理解分手後的心痛症狀，同時教導實用的療癒技能。書中充滿任何曾經愛過的人都能理解的例子，為讀者提供了一條能自我成長且更加強壯的同理心道路。

菲利浦・列文道斯基博士（Phillip Levendusky, PhD）
美國專業心理學委員會認證心理學家

❤

對於那些陷入愛情成癮的情緒黑洞的人來說，寇特妮・索德林・華倫提供了一條以個人價值觀為基礎而通往安全地帶之路。應用認知行為治療技能，具有創意地以結構化且靈活的方式引導治療師幫助他們的客戶從內而外地改變自我。透過充滿同理心的實用方法，華倫灌輸了希望，讓人們相信健康的互愛和情感上的滿足是可能的。

艾德蒙・C・紐豪斯博士（Edmund C. Neuhaus, PhD）
哈佛醫學院精神病學系助理臨床教授

有很多資源可以幫助客戶處理親密關係，但鮮有資源在關係結束時提供指導。這本由寇特妮・索德林・華倫寫的睿智且敏感的書填補了這一空白，支援客戶透過三步驟的過程，理解他們的痛苦，檢視導致困擾的信念和早期經歷，並引導他們學習放下且健康向前的步伐。讀者將因此成長並更加茁壯！

道格拉斯・K・史奈德博士（Douglas K. Snyder, PhD）
德州農工大學心理與腦科學系教授

在各式各樣的自助書籍領域中，總會有一些書適時地出現以解決燃眉之急，《和前任說再見》便是其中之一。受到眾人尊崇的作家及臨床心理醫師寇特妮・索德林・華倫用慈悲的視角，將多年的臨床研究、專業學術知識及個人經歷結合起來。書中充滿案例探討和務實的練習，適合任何在戀愛中曾感到上癮的人閱讀。

派翠克・羅斯・史考特博士（Patrick Ross Scott, PhD）
美國精神醫學會持證院士

寇特妮・索德林・華倫提供了基於證據的實用且有效的分手療癒方法。任何為一段感情破碎而感到痛苦掙扎的人，都能從這本鼓舞人心的書中找到安慰。本書讓讀者明白自己並不孤單，並提供能放下過去的解決方案。

何可晴博士（Judy Ho, PhD）
臨床與法醫神經心理學家，佩珀代因大學終身教授

❤

對於那些在分手後情緒和行為感到掙扎的人來說，寇特妮・索德林・華倫的這本書就像隨身攜帶的心理治療師。她以流暢平順的方式引導讀者進行認知行為治療，穿插生動的範例故事使本書更加鮮活。書中嵌入的練習手冊對於陷入前任成癮模式的讀者來說無疑是一份禮物。華倫確實擅長將複雜概念分解成易於理解的部分，邀請讀者踏上自我發現之旅。

麗莎・杜瑞特醫學博士（Lisa Durette, MD）
內華達大學拉斯維加斯分校柯克・科克萊恩醫學院精神與行為健康系副主任

《和前任說再見》是一本引人入勝的書，適合那些發現自己對愛情上癮且難以放手的人閱讀。寇特妮・索德林・華倫將療癒旅程分為三個易於跟隨的階段，且提供旅程中所需的各種練習方式。這本書是邁向建立自信和真我之旅的絕佳第一步。

琳達・卡斯提洛博士（Linda Castillo, PhD）
心理學家，德州農工大學諮商心理學教授

♥

寇特妮・索德林・華倫優雅地捕捉到一個人處於痛苦分手中的內心世界。透過案例研究、科學知識和實用工具，華倫幫助有成癮傾向的人洞察自己為何會有這樣的感受，並引導他們從情感傷痛中解脫出來。我絕對會推薦本書給那些難以走出分手陰影的患者閱讀。

羅比・盧德威（Robi Ludwig, PsyD）
心理學博士，心理治療師、作家

對於那些曾經深陷愛情，到頭來卻發現自己無法自拔地對前任朝思暮想的人來說，這本書正是為你而寫。充滿富有同情心的生活故事加上經過實證的技巧能幫助你放下前任。

安德莉亞・戈格萊因博士（Andrea Goeglein, PhD）
Serving Success 聯合創辦人

♥

寇特妮・索德林・華倫的這本書說明如何運用認知行為治療來解決對前配偶、伴侶或愛慕物件的成癮問題，並以易於理解的方式將技術傳遞給讀者。書中的案例研究提供了認知行為治療在實際應用上的迷人洞見。華倫也解釋了愛情成癮的神經學基礎，並提出了運用認知行為治療解決這一問題的有力論點。

南西・雷蒙德醫學博士（Nancy Raymond, MD）
美國認證的精神科醫生，任教美國中西部醫學院任教

目錄 CONTENTS

Part 3

為人生下個階段做選擇

案例註明

本書引用了許多人的故事和案例，雖然所有故事內容都反映出前任上癮者的常見經歷，不過為了確保當事者不會因此被人認出來，一些故事情節已經過編輯、修飾或變更。任何與特定人物或事件相似處都是巧合。

序言

我認識寇特妮・華倫博士已經超過二十年，雖然在相識的前五年我和她是師徒關係，那時候的她只是學生寇特妮，一位聰明、熱情洋溢，渴望知識並且迫不及待地想改善世界的理想主義者。令我感到很高興的是，在獲得博士學位的十六年後，華倫博士不僅保留了當初進入德州農工大學，學生寇特妮所有的熱情和年輕活力，更透過努力工作和充滿靈感的遠見獲得了卓越的智慧。華倫博士確實在改善他人生活方面取得重要進展，無論是她的學生、客戶以及社群媒體追隨者都因而受益。

《和前任說再見》是一本易於理解，閱讀上也不吃力的指南，幫助治療師和客戶遵循基於證據的路徑，達到情緒和人際關係自由。華倫博士使用她本人以及客戶親身經歷的親密故事為例，更重要的是她指出無論是健康的或適應不良的戀愛關係，都應該被視為正常且人性化的經驗。只不過成熟的愛情融合且平衡了需求、給予、陪伴和浪漫；不成熟的愛情，則以占有、權力、失望和變態為特徵。不成熟的愛情狂熱地堅信愛情，是盲目的，無法控制的。華倫博士將專業知識轉化為人們熟悉的語言，以顯示浪漫愛情可能成為限制人們各方面生活的枷鎖，反覆觸發無法控制的行為，並帶來痛苦和折磨。透過她無懈可擊的文筆，讓人了解到當我們所訴諸的愛無法得到對方的接受或回應時，不成熟與不健康的愛情會變得特別令人喪氣和悲傷。

對於一般大眾來說，她的研究淺顯易懂。而我多年來一直在研究調查有關藥物和食物成癮的問題，為愛感到瘋狂和對藥物成癮之間的相似處也很容易理解。舉例來說，尼古丁成癮者在一覺醒來後就會立刻點燃第一支香菸，接下來的整天也都會一直吸菸；對愛成癮的人可能一覺醒來就想著他們愛的人，並且可能整天都一直想著他們。無論吸菸者是否知道自己有菸癮，一旦菸抽完，或處於禁止吸菸的場合時，肯定會注意到他們對香菸的渴望和隨之而來的沮喪。同樣地，當陷入得不到回報或者無法實現的戀愛關係時，人們會渴望獲得他們所愛的人的陪伴，特別是當期望無法實現時，甚至可能誹謗他們的伴侶，感到難過和沮喪，因為他們無法得到想要的東西。

我衷心希望對香菸上癮的人能了解吸菸對健康的危害，並意識到他們需要戒菸，永遠放棄吸菸。同樣地，陷入適應不良的戀愛關係中的人也應該意識到他們被困住了，需要從自己情感的束縛中解脫出來。只不過說起來容易做起來難！很多人都知道那些自發性想戒菸的人，平均來說幾乎要經過十二次下定決心的努力，才能成功實現連續且長時間的戒斷。這樣的結果一點都不讓人感到意外，沒有經由正式或專業的幫助，有菸癮的人能成功戒菸的機率極低。相反地，尋求專業幫助的癮君子，特別是那些結合了認知行為治療技巧的幫助，將極大地提高成功戒菸的機會。

可以想像在缺乏正式的幫助下，成癮於愛情的人將難以理解他們之所以受挫和有害想法的來龍去脈。這讓我立刻回憶起自己還是臨床心理學一年級學生的時候，我的第一位實習客戶是一名聰明的工程系高年級生，不久前才被他的初戀拒絕。那時他正在城鎮唯一一間法國餐廳裡，雙膝跪地，拇指和食指間拿著一顆巨大的鑽石。如果早在三十五年前《和前任說再見》這本書就已經問世，對我來說，尤其是對我的客戶來說，不幸的事就能提早結束。所幸的是，對於今天的客戶和治療師來說，這本書將幫助他們透過真實故事和認知行為治療的科學原則，理解和識別人們為何會陷入愛情成癮的困境，以及受苦的原因。更棒的是華倫博士制定出一套已被證實有效的方法，讓飽受痛苦折磨的人重新奪回自主性與自由。這是讓他們找到真誠、成熟、適應良好的浪漫愛情的最佳機會。

佛蒙特大學心理學系
安東尼奧・塞佩達・貝尼托博士

引言

通往放下前任之路

新的開始經常偽裝為痛苦的結束　古諺

就和所有人一樣，我也曾很努力地想從與前任分手的痛苦中走出來。不騙你，那段過程真的極其痛苦。尤其當第一次墜入愛河後，每天都處於天人交戰的煎熬中。進入大學的第一週，打從瞥見他經過我們宿舍外草地的那一刻起，我就深深地為他著迷。帥氣的外貌和充滿如運動員般的活力並不是最吸引我的地方。而是當我們四目相接，他帶著微笑的酒窩散發出難以形容的魔力，瞬間一道火花點燃彼此間的化學反應。由於都住在同一層樓，我們幾乎每天都會見面。每當在走廊擦身而過，我總是羞紅著臉開心地對他微笑。接下來我們會在課後一起聊天一起討論功課，讓我越來越想待在他身邊。從不曾對任何人感到如此著迷，唯獨和他在一起時，我感覺整個人充滿生命力。很快地我們成為了一對，我瘋狂地墜入情網。

問題是我根本還沒準備好談戀愛。有一大堆問題在不知不覺中漸漸成為彼此感情的負擔，而我既沒察覺更不理解。大約相戀了兩年後，他告訴我不想再那麼累。簡單地說，我們分手了，我的生命崩潰了。一開始我完全不敢相信。經歷了那麼多親密時光，無數個激情夜晚，只有我們才懂的私密笑話，甚至共同計畫未來，我們怎麼可能分手？極度恐慌地絞盡腦汁想找出問題所在，拚命地想修復彼此關係，好讓我們能重新在一起。我只想待在他身邊，跟他說話，觸摸他，搞清楚我們之間到底出了什麼問題。只要能重修舊好，不再痛苦，什麼事我都願意做。當意識到我們真的已經分手時，再也無法克制自己的情緒。想到在一起時他曾做出的承諾如今已食言，再次在校園裡遇到他時，情緒從有些慌張的激動迅速轉變為暴怒。夜晚獨自待在房間，心中仍焦慮地期待接到他的電話，不停地翻閱舊信件，曾經對話的場景不斷在腦海裡重演。接下來的數年間，我的情緒始終處於一種極不穩定，因愛情破碎而受傷，似乎永無止境的痛苦中。在第一次失戀後又過了很久的某一天，突然意識到除非我能從前任的陰影中走出來，否則絕不可能再次好好享受人生。

如果你正在閱讀本書，很可能對失戀所造成痛不欲生的心碎一點都不陌生。你並不孤單，在人生中的某個時刻，幾乎每個人都曾經歷過一次極其痛苦，足以撼動我們世界的分手。因為對前任感到上癮，幾乎耗盡了全身精力。渴望能重新與前任聯繫，弄清楚兩人之間到底發生什麼問題，你變得對舊情人十分執著，彷彿失去他們就活不下去；如果他們不在身邊，你的生活就不具任何意義，再也找不到自己的目標或價值。然而你也可能像我一樣，當覺得人生已經走到谷底，突然意識到自己不能再繼續這樣生活。如果這就是你目前的感受，你的康復之旅可以從現在開始。讓我們先從了解什麼是愛情成癮開始。

什麼是愛情成癮？

當提到愛情，你可能不會把它和成癮聯想到一起。我們有聽過酗酒者、工作狂、購物狂、巧克力控，這些名稱用來形容對酒精、工作、購物甚至巧克力等食物有成癮傾向的人。但對舊情人成癮，成為「前任上癮者」（exaholic），這個名詞對你來說可能是第一次看到。不過根據最新興起的研究表示，只要是人類都具有對愛的需求，人們會覺得對某人感到成癮。

神經生物學的創新研究指出，墜入情網的自然發展結果就是一種成癮過程。浪漫的愛情會刺激人類大腦一個關乎生存的非常古老區塊，它被稱為多巴胺獎勵途徑或快樂中樞。當古老的人類以一種有助於物種存活的方式行動時，大腦和身體都會覺得十分舒服，藉此達到獎勵的效果。尋找伴侶，進行性行為，生孩子，並且盡可能長時間與伴侶生活在一起，以確保孩子能夠存活下去，這些都是演化及生物學驅使的結果。如果愛上一個同樣也愛你的人，愛情成癮似乎不構成問題。事實上它還是一種愉悅的感受！問題出在如果愛上一個不愛你或者對你有害的人時，對愛的成癮性就會讓人陷入一種悲慘痛苦的循環中，出現的症狀將會損害你的情緒、身體、心理和性靈健康。

雖然愛情成癮不是一種精神疾病或臨床診斷，不過對於某個人或某種行為上癮的研究已經發展了數十年，其中包含了賭博、遊戲、情色或性愛等。一般來說，愛情成癮是一種思想、感受和行為的不適應模式，造成原因是過度關注於當前或過去的戀愛對象，結果讓個人的身心幸福受到嚴重損害。如果你曾經感覺對前任上癮，大概非常熟悉那些在不知不覺中變得越來越可怕的症狀。你的前任成為生活中最醒目的焦點，幾乎會耗盡你所有精力，以至於無視生活中其他事物。你渴望見到他們，與他們交談，觸摸他們，想找出問題出在哪裡。極度地想找回從前的親密關係，從早到晚腦海中都是他們的身影。所作所為的最終結果總是讓自己感覺更糟糕，例如不停地查看手機，看他們是否打電話來；或者刻意開車經過他們家，希望瞥見他們在做什麼。隨著時間過去，持續的症狀讓你開始懷疑自己，懷疑你的誠信、身分，甚至是基本價值。即使理性上想繼續前進，然而對前任上癮卻讓放手變得極其艱難。

這本書能如何幫助你

好消息是我們都有希望痊癒；你不必再像現在這樣生活下去。有許多非常有效的技巧可幫助你克服這次分手帶來的痛苦。基於認知行為治療（CBT）的方法，本書將幫助你理解因這次分手而產生的思想、感覺和行為是如何交互作用。簡單來說，你對分手的看法會影響你的感受與行為。當理解那些使你陷入困境的無效思考－感覺－行為模式時，就可以練習制止它們的技巧。這麼做不僅能讓感覺變好，而且可以將為情所困的心力重新投注在建構一個更充實的未來。經過數十年基於數據的研究，認知行為治療是處理多種成癮與心理健康問題最有效的心理治療方法之一。練習認知行為治療的技巧甚至可以改變你的大腦結構，假以時日更能改變神經生物學反應。

當讀完這本書時，你將學到：

- 愛情讓人成癮的原因和方式。
- 前任上癮分手（exaholic breakup）的主要症狀，它們如何操控你的生活，以及停止這些症狀的具體技巧。

· 讓你陷入困境，對於前任的一些常見錯誤思考方式，以及如何挑戰它們。
· 在童年時期發展而來，關於愛的核心信仰，以及它們如何損害你成年後的戀愛關係，包括與前任的關係。
· 如何藉由哀悼分手來建立生活的下一階段，以及做出更有價值的選擇以便邁向未來。

本書總共分為三部分，著重於幫助理解你的症狀，探討你為何會處於當前局面，並建立一個更光明的未來。對於任何極力想克服心中傷痛的人來說，我們的首要目標是消除最苦惱的症狀。可以把本書的第一部分視為康復的急救階段；就好像你被急忙地推進急診室，身上有個很深的傷口。我們的初步目標是檢查你的傷口，評估損傷程度並盡快止血。因此第一部分詳細介紹了愛情成癮分手的明顯徵兆，幫助你評估自己的症狀，並學習特定的認知行為治療技巧，以制止有害的思考—感覺—行為模式。

當學會有效對抗你的症狀後，接下來的目標揭示你是如何處於當前局面：傷口止血後我們需要了解你在什麼時候、為什麼以及如何受傷。因此在第二部分，我們將探討你對這次分手的想法是如何助長了成癮症狀。你將學會挑戰關於自己、前任和愛情的不真實與無益的思想，而這些想法傷害了你的戀愛關係。只要這麼做，就能擁有對於愛情生活、你自己，以及這次分手事件的更準確、且能提升自我的觀點。

最後我們將探索你對自己的未來有什麼期望。傷口癒合後仍然會有疤痕。你不會忘記舊情人，而且也無法抹除過去，但可以學會以不同的方式看待自己的傷口。第三部分會將你的分手視為一個哀悼的過程，藉由原諒、承擔自己所扮演的角色，以及透過修正來克服它。你將確定自己的核心價值觀，並藉由它來指導你在未來所做的一切抉擇，例如當準備好再次約會時該如何選擇。最後我們要評估你已經做出多大的改變，以及當你邁向人生下個偉大篇章時可能再次遇到的任何頑固症狀，好幫助你對抗它們。

從即時緩解症狀到深入自我探索，最後再開創更有意義的未來，這些過程都需要你不斷致力於三項基本步驟：覺察、評估以及行動。為了從分手中痊癒，必須誠實地覺察自己以及出現的症狀。這意味著你需要學會盡可能誠實地停下腳步，專注在自己的反應。接下來評估從過去到現在所學到的事情，是如何造成當前的痛苦，也就是說理解自己的回應方法、思考模式、信念與行為，如何在無意間讓自己的感受變得越來越糟糕。最後你需要採取行動做出改變。雖然理解自己的症狀對於克服愛情成癮來說非常重要，你還需要採取不同的方法來打破讓你受困的模式。結合意識自己的經歷，評估如何變成當前的狀況，並採取行動改變它，整個過程終將撫平你的痛苦，並激勵你真真實實地向前邁進。

開創更光明的未來

愛上一個人是種美好又難以置信，容易受傷且複雜的經歷。瘋狂地陷入愛情，以至於一旦分手就會墜入一個有害的成癮症狀中，而且難以逃脫那種無法停止的循環。閱讀本書的過程中，我鼓勵你不要用批判或嚴苛的態度看待自己、前任或者過去的人生。治療過程並非要讓你對過去的傷痛產生憎恨、失望或難以釋懷。相反地，這是一趟讓你探索以及自我成長的旅程。將它視為一次對自己的內省之旅，用更全面的方式探討過去你與前任的關係，以及為何發展出後來的結果。儘管這次分手可能讓你痛苦難耐，但我們可以將它轉化成人生中最積極的蛻變經歷。

我知道此時的你可能感到極度悲慘痛苦。掙扎地度過每一天，甚至每分每秒都難以忍受。這樣的經歷似乎不可能帶來任何好結果，但我要告訴你凡事都有可能。生活中最痛苦的時刻總會帶來禮物，因為痛苦是進行變革的治療中最重要的因素。當感覺惡劣到極限以至於再也無法忍受時，你更有可能進化和成長。別誤會，我並非指放下前任是件容易的事，這件事需要刻意練習並且日復一日的努力。但當前任不再是你世界的中心時，你可以變得更強大，成為更真實的自己。無論你的身旁是否有戀愛對象，都不會影響你成為一個清楚自己真正想要什麼的人，一個能認知自我價值的人，一個具有韌性且努力過著充實生活的人。儘管聽起來有點奇怪，做到放下前任與前任那個人並沒有什麼關係，反而和理解及轉變自己有關。而我在這裡將幫助你實現它。讓我們開始吧！

Part 1

當你因失去愛人
而被摧毀

第一章 感覺對前任上癮

我和男朋友分手已經兩週了，完全沒預料到這一天會發生的我感到萬分驚訝。在一起九個月，我以為我們是天作之合。現在的我是一團糟，無法停止想念他。只想和他談談，搞清楚我們之間到底發生了什麼問題，並且回到以前的模式。我無法進食或入睡，不停地哭，覺得自己快瘋了。

我在十八歲時遇到了一生中的至愛。二十年過去了，現在仍無法忘記她。我已經結婚並育有兩個孩子，但每天仍然想念她。我感到內疚，因為對於妻子的感覺並不像對舊情人的感覺一樣。有時我甚至會偷偷地在線上查看舊情人的照片，只為了看看她在幹什麼。我不知道該如何從這樣的日子中走出來。

自從和男友分手以來，我一直活在自己內心的地獄。即使已經超過三個月沒有交談，我依然不時查看手機，期待看到他的名字彈現出來，就像對他感到痴迷一樣。我感覺自己很可悲，我無法再這樣生活下去。我需要幫助，需要放下前任。

對你來說這些描述看起來是否也很熟悉？提到前任時，從你口中是否也會說出一些相同的話？如果是這樣，我想先向你保證你並不孤單，我自己就曾有過這樣的經歷，全世界有數百萬人也曾經歷過。分手這件事影響了各個不同年齡層、種族、族群、性別、文化、性取向和宗教的人。因為生為人類本能地就會去愛。如果你非常幸運地曾體驗過愛情的喜悅，就知道有時為了它需付出代價：分手可能會讓你陷入一種心碎、失落和絕望的上癮漩渦中。

無論看在別人的眼裡或自己的感覺，墜入愛河的自然發展過程就像對伴侶上癮。當遇到那個特別的人時，就像著魔一樣。當他們靠近你，一股生理、情緒和情慾上的激情湧現，只想一直待在他們身邊。因為當你們在一起時，感覺棒極了，彷彿對他們的渴望永遠無法獲得滿足一樣！即使不在一起時心裡仍想念著他們，嘴裡不停地談論他們，滿心期待下次見面的時刻。你的世界開始圍繞著愛人轉動，彷彿他們是太陽一樣。

然後你們分手了。也許曾經令人激動的火花慢慢消散或完全熄滅；也許彼此發生劇烈爭吵，造成無法癒合的傷痕；也許其中一人想要孩子，而另一人不想要；也許前任出軌，你無法原諒他們；也許彼此的文化背景差異太大，無法共存；也許前任並不像你愛他一樣地愛你；也許你們只是漸行漸遠；甚至根本搞不清楚發生了什麼事，某天你的愛人突然就消失了，沒有解釋就離開了。無論原因是什麼，當親朋好友問及你的近況時，瞬間強大的失落、痛苦、心碎、傷心如潮水而來。因為曾經占據心房的那個人消失了，而你不知該如何在沒有他們的情況下繼續前行。

儘管現在的你可能感到非常痛苦，但這些症狀並不代表你有什麼問題，而是意味著你失去一個深愛的人。在本章中我們將探討前任上癮分手後的主要症狀，引起它們的原因，以及它們如何對你的生活產生負面影響。放下前任並治癒這次分手所造成痛苦的第一步是敏銳地察覺自身的經歷。儘管聽起來有些老套，但知識就是力量：你對自己正在經歷的事情了解越多，就越有能力改變它。因此我們將從探討前任上癮分手的主要症狀開啟你的康復之旅。

前任上癮分手的症狀

經歷前任上癮分手可能會讓人感到心碎與迷失。當與舊情人在一起的愉悅感被撕扯掉，生活在眼前崩潰時，你進入了一種非常可怕的戒斷狀態。為了尋找能讓感覺變好的方法，對於引發煎熬痛苦的根本原因，也就是你的前任，你變得對他們更加專注。全身上下強烈渴望能再次親近他們，並引發前任上癮分手的特徵性症狀：強迫性思維、渴望與對方聯繫、情緒困擾和有害的衝動行為。讓我們更詳細地探討以上症狀。

在前任上癮分手的階段，你很可能會對舊情人產生侵入性和強迫性的思維。可能發現自己的思緒一直回憶著過往，無時無刻不在分析和幻想與前任相處的畫面。從共享甜蜜時光到激烈的爭吵，曾經發生的各種場景不斷地在腦海中重演，心裡更是排演著此刻真正想對他們說的話。可能瘋狂地猜想他們此時的生活，他們在哪裡，和誰約會，以及他們是否仍然想念你。這些想法可能沒完沒了地占據你的思維空間，從一早醒來到夜裡入睡都不斷地轟炸著你的腦袋。或許你也希望能關閉大腦，停止想念他們，卻無論怎麼努力都無法做到。

這些討厭的想法通常還伴隨著想聯繫前任的極度渴望。感覺就像有一股強大的磁力把你拉回他們身邊。迫切地想見到他們、待在他們身旁、與他們交談、對他們大聲吼叫、擁抱他們、懲罰他們，或者獲取關於他們正在做什麼的任何訊息。從裡到外全部的你都渴望能再次親近對方，彷彿只要能重新在一起，所有的痛苦都會消失。或者只要這麼做就能得到公正的對待，就能充分地了解哪裡出了問題，以便修復它。

如果強迫性思維和渴望還不夠折磨，你可能還感到情緒極度不穩定，同時容易受到外界影響。當與分手的殘酷現實搏鬥時，可能會被一連串極度困擾的情緒所淹沒，從撕心裂肺的痛苦到悲傷、焦慮、憤怒、挫折、困惑、罪惡感，甚至恐懼。這些強烈的感受通常極不穩定，會隨著生活中不同情境迅速變化。舉例來說，當得知有關前任的新消息時，一開始可能覺得好奇，然後突然一陣怒火湧上心頭，接著是深深的悲傷。這些反應讓你感到情緒起伏多變，容易失控，就像被自己的情緒所監禁。

最後因為思維、渴望和情緒越來越惡化，更可能出現有害的強迫與衝動行為。這些行為若不是讓你感覺能更親近前任，就是為了從痛苦中分心。為了更親近前任，你可能會故意開車經過他們住家，出現在他們喜歡的地方，在社交媒體上尋找他們新生活的細節，或者不停地傳送簡訊給他們。處於情緒最低潮的時候，甚至發覺自己居然開始鬼鬼祟祟地追蹤前任所有舉動。任何一點訊息都讓你覺得好過一些，即使最終會讓你心碎，比如看到前任和他們新戀人的照片。當覺得無法親近時，可能試著加入線上約會網站或以性行為進行情感轉移，好讓自己分心。甚至可能進行最終會嚴重傷害你的自毀行為，例如不停地吸菸、過量飲酒、使用毒品、無節制的賭博、暴飲暴食，或者自殘行為。

總而言之，上述那些非常不愉快的症狀讓你感到無法控制自我和生活。可能已經不再照顧好基本生活需求，例如健康的飲食、與朋友見面，以及保持有效率的工作。尤其若被前任拋棄，受到拒絕或對方背著你偷吃，更容易開始自我懷疑，覺得自己對伴侶來說一點吸引力也沒有，自尊心大受打擊。因為感到脆弱與迷失，可能無法認清自己，最終這些症狀幾乎使你無法享受生活。

你是否曾經歷過這些症狀的折磨？發現自己無法控制對前任的思念？強烈地想聯繫他們或知道他們此刻的狀況？是否感到情緒困擾或者容易反應過度？衝動或強迫性的行為最終傷害了自己？是否感到迷失和無力？以旁觀者的角度查看別人在對前任上癮分手中的表現，能幫助你對自身經歷看得更清楚。所以我們先來看看瑪麗亞的故事。

一頭零亂頭髮，穿著破爛運動褲的瑪麗亞走進我的辦公室，可以明顯地看出她真的很苦惱。當她向我講述最近與生命中的摯愛約翰分手的故事時，眼中流露出一股絕望悲悽的神情。當描述著兩人的戀情，從初次相遇到分手那一刻，直到走進我辦公室的此時，愛情成癮的特徵及痛苦症狀全都浮現出來。她的故事如下：

我在一個線上約會網站認識了約翰。一開始他用古靈精怪又有趣的口吻和我對話，逗得我發笑。幾個星期後我們帶著狗在一個公園見面了。他穿著格子襯衫和短褲，看起來好可愛，而且友善又容易相處。他的談吐完全打中了我，讓我覺得自己是世上最特別的人。隨著相處的時間越多，我越來越喜歡他，連我們的狗都喜歡對方！我喜歡和他在一起的感覺。經過多年的努力，我終於遇到了夢寐以求的男人，我認為這個人就是約翰。當時真的很快樂！

然後一切都變了調。我來自一個拉丁裔大家庭，一直想要自己的孩子。大約交往了六個月後，我鼓起勇氣告訴約翰，希望能更認真地交往，住在一起並開始建立屬於我們的未來。約翰嚴肅認真地望著我的眼睛，他說他愛我，但並不想就此安定下來，以為我也明白他不想對我們的關係做出什麼承諾。我愣住了。當晚我們分手了，從那刻起我就變得一團糟。我無時無刻不想著他。我非常氣他，但同時又非常想念他。呆坐在床上花了幾個小時看從前的舊訊息，查看他的社交媒體帳號，只想知道他在做什麼。有時甚至查看他在約會網站中的個人檔案，看他上次登入是在幾小時前。我想像他過著奢華又令人羨慕的生活，和不同的新女人約會，而我只能自怨自艾地孤獨受苦。

約翰偶爾會傳訊息給我，或者突然來找我。他的出現大大地撫慰了我，行為也變得比較放縱。但當發生完性行為而他準備離開時，我又開始感到恐慌。苦苦哀求他不要離開我，或者歇斯底里地大罵他是個混蛋。接下來的日子我的感覺變得更糟，生活一團亂。我沒有食慾，無法入睡。我不想和任何人說話，於是與家人和朋友斷絕聯繫。我感到困窘、迷失和破碎。既然他不要我，為什麼我就不能放手呢？

你是否從瑪麗亞的故事中看到前任上癮分手的特徵症狀？在深深愛上約翰並經歷分手後，瑪麗亞對他變得更加執著。她無法停止思念他，渴望獲得他的注意，感到極端的情緒困擾，偏偏又做一些事後讓自己感到更糟糕的行為，像是就算分手了仍繼續與約翰發生性行為，不停地在約會網站上查看他最近的活動等。瑪麗亞的症狀顯然已經影響到日常生活，不僅睡不好，還斷絕與所愛的親友間的聯繫，對自我價值產生懷疑。到頭來受困於愛情成癮的心碎中，而且根本不知道該如何走出來。

練習

說說你的故事

為了開始你的治癒過程，希望你能將從遇見前任的第一天開始，一直到現在為止的兩人戀愛故事寫下來。因為書寫能幫助人們整理自己的經歷，用一種安全保密的方式看待感情旅程的全貌，所以它本身就具有療癒的功效。事實上我希望你能為這本書裡的各項練習準備一本專用的日記本，將你所有的工作，包括這篇寫作都記錄在日記中。因為接下來你要用它來回顧並追蹤隨著時間進展你有多大的進步。這件事是你向前跨出的第一步！

以瑪麗亞的故事為例，首先描述你如何遇見你的前任。你們的第一次互動有什麼特別之處？發生在什麼場合？有什麼感受以及做了什麼事？然後描述你們的戀愛過程直至現在，特別著墨在那些最難以忘懷的時刻。寫作時彷彿在和一位信任的朋友或治療師交談。因為除非選擇分享，否則沒有人會讀到你的故事，所以可以毫無保留地把一切寫下來。也許將自己戀情中所有美好或破碎的故事寫下來並不容易，但將心靈上極度痛苦的感受從心中轉移到紙上經常是一種巨大的解脫。

寫完自己的故事後看看你的描述，是否看到愛情成癮的任何症狀？也許很明顯地你正在經歷一場前任上癮分手；或者你仍有些不確定是否對前任上癮。但無論如何都請記住，愛情成癮不是一種臨床診斷，所以不需給自己貼上標籤。也就是說療癒過程的一部分是意識到你的症狀，以便可以評估它們並採取行動去改變。面臨前任上癮分手的最大指標是對於前任的執著程度已經損害了你的健康和幸福。因此為了能深入分析你的經歷，我們需要探討這場分手對你的生活品質造成什麼樣的影響。

對前任上癮如何傷害你

看完了瑪麗亞的故事，再加上當前你所經歷的，我們可以知道前任上癮分手會帶來毀滅性且持續的症狀，同時生活也會受其左右。至少你的前任以及這次分手事件會成為生活的重心，耗盡你的精力，幾乎所有其他事情都被犧牲掉。何況如果分手這件事不是出自於你的選擇，單方面地為前任感到無法自拔更加顯得殘酷。

此外前任上癮分手的破壞性症狀，包含侵入性的思維、極度渴望、情緒困擾以及有害的行為，可能已經對你整體身心健康和生活正常功能的表現造成嚴重破壞。可能對於曾經喜歡或對你來說意義重大的事情再也提不起勁去做，例如和朋友見面、參加家庭活動或追尋自己的嗜好。因為注意力難以集中，工作或學業上的表現可能十分差勁，甚至還經常缺席。由於飲食不良、過量飲酒、不停地吸菸、性生活淫亂、家裡一團髒亂、過度運動或完全不動，你的身體健康也可能受到波及。

你可能還感到情緒不穩定和不安，深陷於憂鬱、憤怒、憎恨或焦慮等情緒中。正如先前討論過，你可能比平時更容易有情緒化反應；覺得自己像個隨時可能爆炸的定時炸彈。身體可能也對這次分手造成的壓力出現不良反應：睡眠品質不佳，容易做惡夢，感到噁心或肚子不舒服，注意力難以集中，甚至可能恐慌發作或動不動就哭泣。

也許更糟糕的是這次分手已讓你感到情感隱私被暴露在外而焦慮羞愧，變得十分脆弱，好像失去了安全根基，不再能掌控自己生活的方向。因為前任離開的關係，現在的你可能找不到自己的身分與目標。由於隨著戀情結束，需要不斷地處理尷尬、內疚或後悔等情緒，你的自尊心可能受到打擊。當處於巨大的痛苦中時，我們通常無法表現出最好的自己。因此如果在愛情成癮的分手中撒謊、變得具有攻擊性，或者和自己的道德價值妥協，你可能會對自己的行為感到深深的羞愧。更不用說如果前任以某種方式拒絕、羞辱或虐待了你，你現在正忙於應對這些不堪經歷對自我形象或精神狀態造成的巨大傷害。

是否注意到自己出現了上述任何一種症狀？失去動力，不再像從前對事物感興趣？工作或在學校的表現不如以往？對身體或心理的健康漠不關心？是否覺得渾噩迷失？如果察覺這次分手事件已經傷害到個人幸福，生活無法正常運作，接下來讓我們繼續探索更多關於你症狀的細節，並且想辦法一一解決它們。

練習

你是前任上癮者嗎？

以下的「前任上癮者評估問卷」將幫助你鑑別自己的症狀，並評估它們對你的生活產生了多大的負面影響。你可以在日記中記錄回答，或者在本書的網站上免費下載評估表的副本：http://www.newharbinger.com/50379。請仔細閱讀每一個陳述，根據你在過去一週的經歷作答。使用以下評分標準，盡量誠實地評估每個項目的準確性：

1＝對我來說完全不真實
2＝對我來說稍微真實
3＝對我來說經常真實
4＝對我來說基本屬實
5＝對我來說完全屬實

侵入性和固執的思考

（　）時時刻刻都想著前任。

（　）一些關於前任的無益想法突然湧現腦海，接著思緒就一直卡在那裡。

（　）不斷重溫和前任相處時的曾經過往，或者假想排練現在想對他們說什麼話。

（　）希望能停止想起前任，但無法做到。

渴望聯繫

（　）渴望聯繫到前任（例如與他們交談或見面）。

（　）就算知道這會是一次負面的互動（例如發生爭吵），仍強烈地渴望與前任聯繫。

（　）幾乎無法做到不聯繫或尋找關於前任的訊息。

（　）當沒能聯繫到前任時，感覺糟透了。

情緒困擾和反應過度

（　）因為分手而感到情緒上極度困擾。

（　）自從分手後就再也無法感到幸福或快樂。

（　）自分手以來，情緒變得喜怒無常和容易激動。

（　）在情感上無法放下前任。

難以抑制且有害的衝動行為

（　）積極地想聯繫前任，或做些事讓自己感覺更親近他們（例如打電話給他們，發簡訊或查看舊照片）。

（　）背著前任積極地想獲取有關他們的訊息（例如透過社交軟體或共同朋友）。

（　）為能感到更親近前任，採取最終會傷害自己的方式（例如開車經過他們家，或和他們發生性行為）。

（　）用不健康的行為分散對這次因分手而造成痛苦的注意力（例如酗酒、吸菸或暴飲暴食）。

幸福的代價

（　）由於無法忘懷前任，連日常生活都無法正常地過（例如工作表現不佳，或者無法顧及身體健康）。

（　）由於這次分手，對於曾經喜歡的事物失去動力（例如和朋友見面或從事最愛的嗜好活動）。

（　）由於這次分手，自尊心受到了傷害。

（　）因為無法忘記前任，生活變得難以管理。

現在將以上二十個項目的分數相加，總積分會落在20到１００之間。分數越高，說明對前任上癮的症狀越強烈。既然你正在閱讀這本書，我猜想你的分數可能相當高，這是可預料的結果。我寫這本書就是為了幫助你做出改變！但如果分數很低，你可能並未受到愛情成癮的困擾。

接下來找出你在哪些項目的分數最高，以及該項目中的概略描述或具體症狀（例如「渴望聯繫」或「情緒困擾和反應過度」），因為我們將針對這些方面進行更積極的改變。如果大多數項目都和你的症狀相符，請不要氣餒，許多正經歷分手的人在各項症狀的得分都非常高，特別是在初期康復階段。保留你在這次問卷的答案，因為閱讀到本書末尾時我們將會再進行一次評估，以便對比自己的變化有多大。我還想強調，透過描述你的故事以及完成這份評估問卷，你更能察覺到自己的症狀，評估它們的嚴重程度以及了解它們如何影響了生活。很快地你將開始採取行動來改變它們，所以你已經開始了療癒過程！

此刻你可能會問自己，為什麼是我？為什麼我會對前任感到上癮？可能你有一些朋友在分手時從未有過這種困擾。或者你也曾經歷過分手，並沒有造成同樣的困擾。雖然這個問題的答案非常複雜，但其中一定有部分原因與你的大腦發生了什麼事有關。所以現在讓我們深入地探討這個主題。

為什麼我對前任上癮？

容易對任何事物成癮，可能涵蓋基因、生物、心理和社會文化等多種因素的複雜交互作用，人們正開始理解和揭示這些複雜問題。例如有些人可以飲酒或賭博，卻不會發展為最終成為問題的成癮症，而另一些人則不然。同樣地，某些人在分手後不會出現成癮症狀，另一些人則會。就算那些容易演變成愛情成癮的人，也只有某些前任會引起症狀。我們將會在本書的第二部分花很多時間探討一些重要的心理和社會文化因素，這些因素可能使人處於風險之中，包括童年不良經歷如何發展出虛假的核心信念，以及關於自己和他人的錯誤思維。不過現在我要先解釋關於成癮生物學是如何造成你的症狀。

成癮行為與大腦中一個非常古老、攸關生存的部分被活化有關，它通常被稱為愉悅中心或多巴胺獎勵途徑。當參與生物上令人渴望的行為時，例如性行為和飲食，我們的身體會釋放感覺良好的化學物質和荷爾蒙。因為從進化的角度來看，這些行為增加了我們這個物種存活的可能性。當這麼做時感覺非常美好，所以身體鼓勵我們一遍又一遍地進行這些行為。

最新發展的神經生物學研究發現，當人墜入愛河時也會刺激大腦的同一區塊。戀愛時，會釋放或抑制一系列神經傳遞物質和荷爾蒙（包括多巴胺、血清素、催產素和一些壓力荷爾蒙），使你感到愉悅並專注於你的愛人。從本質上來看，你的愛人成為一種毒品：他們帶來快樂，減少痛苦。然而萬一你們分手了，失去愛人會讓人陷入一種痛苦又悲慘的戒斷狀態。渴望感覺能變好一些，所以你的身體、心靈和思緒都會痴狂地想接近你的前任，因為和他們在一起時感覺美好，離開後感覺變得糟透了。當試圖重新與前任連接卻不成功時，便開始經歷強迫性思維、渴望、情感挫敗，以及產生會造成傷害的衝動行為。所以從生物學的角度上來看，放下前任這件事自然難以辦到，更不用說你整個人生已經發生改變，一夕之間心碎痛苦，全身上下煎熬難耐。

現在的你正經歷著戲劇性的心理轉變，而我要提出一個非常重要的問題：你準備好放下你的前任，並且在沒有他們的情況下繼續生活了嗎？你的答案至關重要，因為對於改變的承諾將在很大程度上決定你能多快從這次分手中恢復過來。因此現在讓我們準備好進行承諾吧。

承諾改變

為了真正從這次分手中痊癒，你需要承諾藉由透過練習本書的各種技巧而放下你的前任。為何這件事如此重要呢？我們將在下一章更深入探討，為了應對各種症狀，你需要採用全新的方法才能保持前進。藉由循序漸進地閱讀本書，你將學習一系列技巧，以便從窒礙難行的思考—感覺—行為模式中脫困。因為與前任繼續聯繫會使症狀更加惡化，只要不再這麼做，那麼痊癒的進展將更加容易。我們會在接下來的章節中討論更多細節。

所以如果你真的處於絕望的深淵中，可能非常願意堅決地放下前任，因為你會做任何能讓自己感覺好一點的事情。通常處於谷底時的經歷能轉化為改變的動力。然而如果你剛分手，可能不想立即離開你的前任，或者無法百分之百承諾在沒有前任的情況下，努力過著能讓自己痊癒並繼續前進的日常生活。即便你和前任已經分手了好一陣子，仍然對於未來他們的身影不再出現在自己的生活中感到猶豫矛盾。

克服對前任的上癮是我為你設定的目標，希望這也是你為自己設定的目標。減少強迫性思維、渴望、情緒困擾和無益行為，創造人生下一個階段，一個能帶給你快樂、充實，自我賦權的生活。使用本書的認知行為治療技巧，可以積極制止讓你感到痛苦的有害症狀。

可以學會放下前任，從這次分手帶來的沉重痛苦中解脫。當這樣做時，之前因為遭受痛苦所耗費的精力可重新投注在自己的未來，使得人生下個階段能夠成長、並勇於探索和多方嘗試。現在就讓我們一起開始練習書中的各種技巧，好面對未來橫阻在眼前的艱難困境。

練習

堅守放下前任的承諾

我希望你寫一份自我激勵的聲明，提醒自己為何要這麼做。首先描述讓你感到最痛苦的症狀，「前任上癮者評估問卷」的內容或許可以幫助你描述當前受到怎樣的折磨。接著概述做出改變和維持現狀可能需要付出的代價。什麼事情讓你最難以放下前任？維持現狀最困難的地方又是什麼？最後用積極肯定的話語具體描述你希望如何改變以及放下前任的承諾，這麼做能讓你在接下來的路上保持動力。

為了幫助你開始，先來看看瑪麗亞在日記中寫的自我激勵聲明。

此刻的我感到極大痛苦。我在「前任上癮者評估問卷」中拿了89分，意味著我正經歷強烈的症狀，對身心健康造成負面影響。我無法停止想念約翰，渴望他的關注，情緒上感到困擾，同時做出的行為最終又讓我感覺更糟糕。如果做出改變，就必須接受我們已經分手的事實。我需要在沒有他的情況下繼續生活，斷絕繼續與他聯繫及共度夜晚，甚至可能需要暫時退出社交媒體圈。所有的事都很難做到。但是如果不改變，代價將是繼續困在這個地獄般的現實中。因為徹底對他痴迷而感到迷茫絕望，無法享受生活。因此我承諾實踐這本書裡的技巧，希望花更少的時間思念他，希望讓自己的感覺變得更好。我想將能量投資在未來而非沉浸於過去，好從中找回自己的力量。我想建立一個家庭，而這件事在約翰身上絕不可能發生。因此我積極地做出放下他的承諾，在沒有他的情況下繼續前進。

當你將心中最真實的感受寫成一份聲明後，只要在任何想提醒自己為何這麼做的時候都可以閱讀它。甚至還可以多複印幾份，張貼在經常看到的地方，像是衣櫃的門後、浴室鏡子上、錢包或皮夾裡、手機或車裡。在最艱難的時刻閱讀你的聲明，好保持正確的方向。

繼續前進

從分手的感情創傷中走出來，做出放下前任的重大抉擇，以及藉由閱讀幫助你康復的本書就是最好的開始。但這僅僅是旅程的起始。每天你還需要做一些不同的事情，以抵抗回歸舊模式的衝動。因為實際上改變你的並非是一個很大的選擇，而是在一天當中做出數千次看似微小的選擇，幫助自己療癒，最終讓你自由。繼續為你的人生創造新的篇章，不會被這段感情拖垮，就始於在自己未來人生的空白頁面寫下一個單字。在意識到之前，你已經寫了一個詞，然後是一個句子，最終是一個段落。當練習本書介紹的認知行為治療技巧，以截然不同的方式應對分手時，你做出的選擇便會自然地建構成生命的下一篇章。你肯定會在這過程中犯錯，完全不需為此擔心！即使某些時刻表現得脆弱，也別放棄或失去希望，因為隨著時間進展，你為提升自我所做的努力將倍增，很快地就會為自己的人生創作出另一篇偉大的冒險故事。

下一章，我們要為實現嶄新人生而展開第一項任務：面對你最難以處理的症狀。你將認識對前任上癮的循環，以及渴望與前任保持親密接觸是如何使心痛加劇，然後練習一系列用來中止這種循環並幫助你感覺變得更好的認知行為治療技巧。

第二章

緩解你最難處理的症狀

這次分手最令人感到痛苦的地方是我無法停止想念前任。自從上次聽到他的消息至今已過了兩週，我無時無刻不想他。越是想著他，就越想和他在一起。我今天甚至刻意開車經過他的房子，想看看他的車是否在那裡。這是多麼可悲的一件事情，我覺得自己像個失敗者。

每次見到她，我就感覺好一點。即使發生爭吵也沒關係，至少我知道她在乎，在很短的一瞬間我彷彿又活了過來。但她離開後我的焦慮就開始出現，覺得越來越恐慌。接著又回到原點，試圖再次見到她，就好像處於一個永無止境的折磨循環中。我不能跟她在一起，卻又無法在沒有她的情況下活著。

我知道試圖挽回前任只會帶來更多心痛。從理智上來說，我清楚這段感情已經結束了，而且應該結束，我們並不適合在一起。那麼為何就是無法斷絕聯繫他的念頭？為什麼還心存一絲希望？為什麼還在乎他？我現在甚至不喜歡他，卻搞不清楚自己怎麼會變成這樣，也不知道未來該何去何從。

就像上述的前任上癮者一樣，你的內心世界此時可能也完全集中在前任身上，讓你感到痛苦。我想讓你知道，對於那些承認自己正努力處理問題，積極想改變的人，我對他們非常尊重。那是作為人類所能做出的最好事情。當在生活中遇到困難時，我們可以選擇被它們打敗，或者藉此來認識自己，然後進化並繼續向前。你顯然選擇了後者，所以別忘了給正努力從這次分手中康復的自己多一些肯定。

現在你已經承諾要放下前任並繼續前進，接下來的優先任務是幫助你抒解一些症狀。你已經知道當分手時，大腦中一個古老部分的快樂中樞停止釋放感覺美好的愛情化學物質，粗暴地將你推入戒斷狀態。這些突兀的生物學轉變和你整個生活方式的全面改造同時發生，包含日常生活習慣、共同的朋友、只有你們才聽得懂的笑話、親密的相處時光，甚至是家庭，可能在眨眼間全都發生變化。你們可能已經同居、結婚或育有共同子女。現在的你被迫治療過去的傷痛，同時在沒有前任參與之下開始新的生活。儘管這一切都令人感到痛苦，但了解這些症狀如何影響你的生活，是中止它們的最佳方法。因此我們將更詳細地探討你的思考—感覺—行為模式。

了解前任上癮循環

儘管你的症狀看起來是獨立的，一些感知或行為似乎與其他方面的經歷沒有直接關聯，但實際上彼此間仍相互作用。當時時刻刻都想念前任時，會加重你對他們的渴望，產生更強烈的情緒反應，也更可能採取最終會傷害自己的行為。把你的症狀想像為讓人著迷的前任上癮循環的一部分，它是被渴望與前任聯繫與保持親密接觸所驅動。雖然你們已經分手，但希望與前任保持聯繫的願望正在助長症狀，這聽起來可能有點奇怪，讓我們進一步分析。

想必你已經十分清楚經歷前任上癮分手有多麼令人心碎。當深陷痛苦的時候，你會尋找能讓感覺變得更好的方法。奇怪的是與前任的接觸短暫地緩解了痛苦，因為就像再次使用毒品一樣。當和前任在一起時，大腦會釋放出一些使你感覺變好的愉悅化學物質。就算大吵了一架，仍可能感到一絲解脫。此外與前任在一起時，你的症狀就不會那麼強烈；因為他們就在你的眼前，你不會像見不到他們時一樣渴望、痴迷、無休止地想念他們。從心理學的角度來看，與前任聯繫會積極地強化你對未來再次聯繫的渴望，因為這能使你的感覺變得更好。

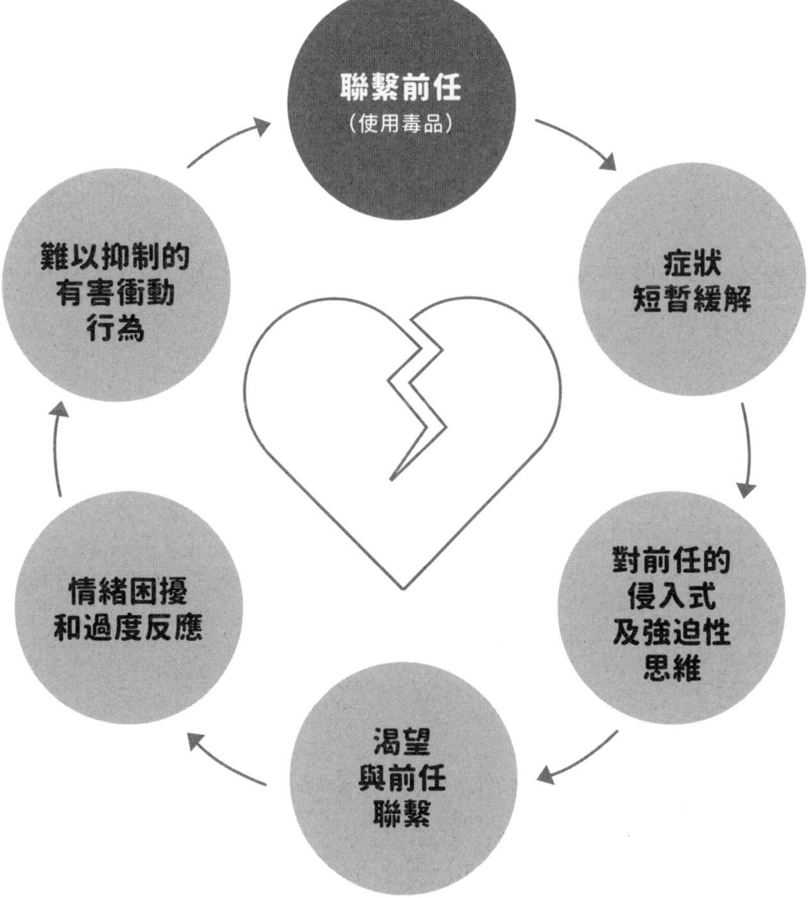

圖一：愛情成癮中的對前任上癮循環

問題就出在當與前任接觸的時間結束後，你的感覺會開始急速惡化。如圖一所示，當你做了一些感覺與前任親近的事，那時的感受會立即變得舒服一點。可以解釋為正在使用你的「毒品」。但隨著短暫的親密感消逝，你的前任上癮症狀，包含強迫性思維、渴望與之聯繫、情緒困擾和有害的衝動行為，不僅重新湧現，甚至還會變得更加嚴重，直到能再次接觸對方為止。如果你們的關係真的已徹底結束，復合的機會極度渺茫，你渴望的接觸和親密感會使這種模式造成更大傷害。

在別人身上看出前任上癮循環總是比在自己身上容易，讓我們來看看另一個例子。迪翁在得知妻子伊曼妮發生外遇後，陷入了前任上癮的絕望狀態。當他踏進我的辦公室時，明顯地可感受到他充滿了矛盾的憤怒。滿臉眼淚，咬牙切齒地描述他偶然發現伊曼妮與另一名男子露骨的性愛聊天紀錄。迪翁侵入妻子的電子信箱，找到她更詳細的偷情訊息，包括喜愛的幽會酒店、浪漫晚餐的日期以及極具挑逗的性愛對話。當迪翁與伊曼妮對質時，她表示他已經不再讓她感覺特別，而她正好遇到一個欣賞她的人。接著兩人大吵了一架，互相辱罵、指責、大吼大叫。最後伊曼妮搬了出去。迪翁這麼描述他的症狀：

伊曼妮離開時，我感到非常憤怒，但又非常希望能了解她為什麼出軌。剛開始我經常發電子郵件和簡訊給她，有時告訴她我有多麼愛她，有時惡毒地咒罵她。我的思緒混亂又焦慮。大約一個月後伊曼妮表示我表現得太瘋狂了，而她需要自己的空間。這個消息讓我感覺糟透了，一切都是她的錯，害我陷入這種局面完全是她的錯！有一天當她不回覆我的訊息時，我開車到她工作的地方，在她的同事面前對她大吼大叫。當下我感覺舒服多了。我告訴自己，她應該受到羞辱，就像我發現她出軌時受到的羞辱一樣。然而這麼做只會讓情況變得更糟。這件事之後伊曼妮正式對我提出離婚，因為我變得越來越粗暴。

現在我無法停止想念她，我們在一起的生活、她發生外遇，然後一切都錯了。我們曾發誓要永遠在一起，彼此相愛，忠貞不渝。我在曾經屬於我們共同的家四處走動，看著曾經和樂融融的家庭照片，心中其實真的很想她，或者至少想念她曾經的樣子。有時我甚至會蜷臥在她睡覺的那一側床邊，在房子裡噴灑她的香水，彷彿她還在這裡一樣。其他時候一想到她出軌，因為她讓我傷得那麼重而想懲罰她。腦海中無法抹除她與那個男人在床上的畫面，逼得我快發瘋了！我們的孩子仍然會去看她，這讓我更難過。只能拚命借酒澆愁，工作時心不在焉，屋子裡也變得亂七八糟。我的內心充滿矛盾，不知道該如何放下她。

你是否看出了前任上癮循環如何影響了迪翁的生活？伊曼妮的外遇讓迪翁的故事變得十分複雜，也讓他喜怒無常的症狀更加難以預測。在戀愛關係中出軌算是常見，它可能使愛情成癮的症狀變得更糟，因為遭人背叛經常會以極端負面的方式影響我們的思維和情緒。現在讓我們一起評估他的模式。

自從伊曼妮離開後，迪翁就變得對她痴迷，幾乎從早到晚都想著她。越是不斷地回憶分手後的痛苦細節，就越是渴望她。迫切地想與她交談，懲罰她的不忠，或許還想嘗試重修舊好。迪翁痴迷的思考與渴望使他的情緒非常容易受到外界影響且反應強烈，導致做出具有傷害性的行為，例如到她的工作場所大聲吼叫。當迪翁與伊曼妮有所接觸時，他的感覺能短暫地好轉。然而伊曼妮並不想和他在一起，其中部分原因是他的行為讓人無法預測。因此他嘗試用其他方式感受與她親近，例如睡在她的床邊、嗅聞她的香水味道，看家庭舊照片。然而當這樣的親近感漸漸消失，再次回到現實中，前任上癮循環又重新啟動：迪翁更加想念她，渴望接觸，感到情感被淘空，最終又做出會傷害自己以及彼此關係的行為。

這些極度痛苦的症狀也嚴重影響了迪翁的健康狀態。他已經無心照顧自己的房子，喝太多酒，無法專心工作。儘管知道伊曼妮的出軌造成巨大的心痛，就像任何曾經歷過相同情況的人一樣，愛情成癮的症狀仍然阻礙他接受分手並繼續在沒有她的情況下生活。最終對伊曼妮的上癮和對她出軌的執著使他陷入痛苦的前任上癮循環中。

你是否在與前任的關係中看到前任上癮循環？在見到他們或聽到他們的消息後感覺比較好，然而當接觸結束後感覺就變得更糟？是否能看出自己的症狀如何互動並相互助長？熟悉這種循環如何在生活中運作，是阻斷症狀的關鍵。現在我們就要用更有系統的方法學習如何做到這一點。

練習

監控你的症狀

了解症狀模式最好的方法之一是使用自主監控日誌。再怎麼強調這個工具的重要性都不為過，因為它是你在這本書中學到的每個認知行為治療技巧的基礎。每天完成日誌不僅有助於追蹤你的症狀和進展，而且還會清楚地顯示你需要在上癮循環中進行介入的地方，好讓感覺能變得更好。

你可以在日記中自行設計自我監控日誌，也可以下載我的版本，在這本書的網站連結中可以找到：http://www.newharbinger.com/50379。從現在開始，一旦注意到自己出現症狀，例如強迫性思維、渴望與對方聯絡、強烈的情緒反應或出現不健康的行為，請先暫停一下。在日誌中寫下日期、星期幾和時間，就像在許多十二步驟計畫（例如戒酒無名會）的做法一樣。另外再寫下已經持續多久沒與前任聯絡的天數。如果因為孩子、事業，法律相關議題，或者任何需提前安排的特殊狀況而不得不與前任聯繫，那麼上述的天數就從扣除必要聯繫或者任何計畫之外的日期開始算起。

接下來開始描述情境：目前生活中究竟發生了什麼事而導致你的症狀？盡量用最客觀的方式描述你的周遭環境，著重於敘述事實，不用解釋或回應它們。然後寫下你的自動化思維：當處於該情境下，有什麼特別的想法瞬間從腦海中閃現？不要修飾或編輯它們，簡單地寫下你在想什麼就好。最後描述你目前經歷的具體症狀，並從1（完全沒影響）到10（嚴重影響）的尺度上對痛苦程度評分。

在記錄情境、自動化思維、症狀和痛苦程度後再次暫停一下，因為現在是採取行動的時候了。不要再做出像過去一樣的反應，你需要進行自我照顧介入的動作：做一些能阻斷症狀的事，免得這些症狀持續地傷害你。在閱讀本書的過程中，你將學會許多能幫助做到這一點的認知行為治療技巧。目前你的目標是以有助於自己感覺更好，同時避免與前任聯絡的健康方式來幫助自己。閱讀你在第一章已完成的自我激勵聲明是一個很好的開始。也可以外出散步十分鐘、淋浴、刷牙、擁抱寵物，或發簡訊給朋友。無論想做什麼，都把它們寫在日誌中作為自我照顧介入，同時注意一下當做完這些事之後，自己的症狀是否立刻受到影響。具體來說，描述一下你的症狀以及所感到痛苦的程度是否改變，或者因為自我照顧的努力而讓整體幸福感上升。

學會使用日誌的方法需要不斷練習，所以讓我們先來模擬一下你可能會遇到的情境。假設你清早醒來，隨手拿起手機時，突然感到一股無法抵擋的衝動，想發一則訊息給前任。一旦注意到自己的渴望，請先暫停一切動作，拿出日誌，按照上述步驟開始寫作。你的紀錄看起來可能像這樣：

七月一日、星期四、早上六點十五分，沒聯絡的第三天。

情境：我剛起床並拿起手機。

自動化思維：我想給前任發一則簡訊。過去的每天早上我們都會互發訊息。我不想結束我們的關係。我好想他！

症狀：我好想和他聯絡，心中的渴望非常強烈。覺得悲傷又孤單。

痛苦程度：7。

自我照顧介入：我準備先洗個澡，泡一杯咖啡，然後看一下我的激勵聲明，好阻止我發訊息給他。

對症狀的影響：我的渴望減弱了，在自我照顧干預下整體痛苦下降至5。

再來看看另一個例子。你正在工作，一位共同的朋友邀請你參加今晚的派對。你立即感到焦慮但又有些興奮。一旦意識到自己的感覺，你停下手邊工作並在日誌中寫下：

一月九日、星期五、下午三點，沒聯繫的第十二天。

情境：我們的朋友今晚要開派對。

自動化思維：我的前任可能也會出席，這讓我想要參加。不過這也讓我覺得不應該去，她可能不想看到我。

症狀：覺得興奮又焦慮。千頭萬緒不知該如何思考。

痛苦程度：6。

自我照顧介入：我知道現在看到前任對我沒什麼幫助。打電話給另一位朋友，為今晚安排其他計畫，因為我需要朋友們的支持！

對症狀的影響：痛苦程度下降到4。為今晚安排其他活動能幫助我掌控好症狀。

最後再來看一個例子。現在已是深夜，一整天的情緒感到特別波折。獨自一人在家，喝了幾杯酒，看到了一個曾經和前任一起觀看的電視影集廣告。一時衝動下你傳給他一張即將上映最新一季的影集照片，並留言：「真希望你在這裡。」就在發送完之後你開始感到恐慌。你在日誌中記錄著：

八月十八日、星期天、晚上十一點，0天未聯絡。

情境：剛看到我們最喜歡的電視劇的廣告，然後發了簡訊給前任。

自動化思維：我不應該這麼做！我感到絕望。我希望他會回應，想要他回到我身邊。我破壞了不主動聯絡的承諾，真是糟糕！

症狀：我感到極度焦慮，腦海裡一團混亂。感到失控和衝動，想一口氣把剩下的酒都喝光好分散注意力。今天我肯定會整晚盯著手機，看他是否有回應。

痛苦程度：10。

自我照顧介入：我要把酒收好，泡個澡，然後上床睡覺。我要關掉手機，今晚不再發訊息給前任。我知道這很難做到，但我會閱讀自我激勵聲明，提醒自己為什麼這樣做。

對症狀的影響：我仍然覺得很痛苦，不過似乎不再那麼渴望，我正在更有效地控制自己的行為。

就像上面的例子一樣，從今天起每天在日誌中至少記錄兩次你的症狀。事實上我希望你盡可能地使用日誌，因為收集的訊息越多，越能讓你看清楚自己的模式，以便在症狀惡化前停止它們。就算在自我照顧介入後，你的感受沒有馬上好轉，但僅僅是填寫日誌這個動作，就能幫助你做出更健康的抉擇。請記住，每天不斷地練習，針對不同的症狀選擇最能達到自我肯定的應對方法，遲早有一天你能從中康復。

除了練習在日誌中記錄自身經歷，並嘗試新的自我照顧介入方法，運用認知行為治療的技巧來阻斷前任上癮循環也很重要。現在就讓我們來告訴你更多方法。傳授的第一招，可能也是希望能讓你做出改變的最困難一招：從切斷與前任的聯繫開始。

切斷與前任的聯繫

切斷與前任的聯繫聽起來可能是一項非常艱難的任務，它確實如此！事實上當你這樣做的時候，短時間內可能會覺得更糟。在認知行為治療的術語中，我們稱之為消弱突現或消弱爆衝（extinction burst）：當斷絕與前任之間的聯繫時，反而會出現更強烈想和他們在一起的渴望。經歷消弱突現的感覺並不好受，但你需要忘掉與前任聯繫時的愉悅感，重新學會在沒有他們存在的情況下感到快樂的方法。當你覺得與前任在一起時才能感到快樂的感受減弱後，更容易往前追尋自己的新人生。

因為親密感助長了前任上癮循環，所以你最好能停止主動與前任間的所有交流。切斷聯繫並不代表前任將永遠從你的生活中消失，隨著時間過去，你將清楚地知道自己是否有能力讓他們以健康的方式成為生活中的一部分。但就目前而言，只要你不主動和他們聯繫，自己的症狀就更容易處理。如果你無法完全切斷聯繫，或者前任仍繼續聯繫你，你的目標就是盡可能減少交流互動，並明確訂下何時以及如何互動的規範（我們將在第三章的「設定健康的界限」中進一步討論它）。

切斷與前任的聯繫也代表著暫停所有會讓你感到與他們有關聯或親密的行為。包括停止線上搜尋任何有關他們的訊息，舊信重讀，以及翻閱兩人的舊照片等。此外還有件事也很重要，任何會讓你想起前任的物品，例如他們送給你別具意義的禮物，或是使用過的牙刷，都必須從你的生活空間中移除。

練習

減少與前任的聯繫

花幾分鐘思考一下有哪些事會讓你覺得與前任的關係變得親密，包含打電話給他們、向共同的朋友探詢他們的消息、穿他們的舊T恤、試圖在他們喜歡的咖啡店巧遇，甚至像迪翁一樣在屋裡噴灑香水。然後列出一份「減少聯繫清單」，列舉可以阻止你做出想讓感覺親密的事。請記住你不需承諾永遠不做這些事情，但就目前而言，我強烈建議你努力做到以下幾點：

- 停止主動與前任進行計畫外的聯繫：不發郵件、不傳簡訊、不打電話。
- 停止試圖在線上或從朋友那裡獲取與前任有關的訊息。
- 不可與前任發生性關係。
- 減少使用社交媒體，或者（至少是暫時的）封鎖前任。
- 將任何會讓你想起前任的物品、照片、禮物、信件等東西從個人空間中移除（如果不想扔掉它們，可以先存放到別處）。
- 停止試圖與前任巧遇，比如到他們常去的地方或跟蹤他們。

・把前任的物品寄還給他們或送給別人。
・考慮避開共同的朋友（至少是暫時性的）。

當列出一份明確的清單後，就該採取行動了。剛開始可能非常困難，所以別對自己太苛刻，盡力而為就好。從看起來比較容易的地方做起，然後逐步進行更困難的項目，但最後一定要完成所有事情。在日誌中記錄所有努力，它們可作為自我照顧介入的方法。

隨著減少與前任的實際接觸和親密感，你還需要停止思想上的親密感企圖。這件事用說的簡單但執行上卻不容易，因此我們來練習一些管理思維的方法。

管理你的思維

你已經知道對前任的思念是前任上癮分手中最令人苦惱的症狀之一。而且當想著他們時，實際上是在你的頭腦中與他們接觸。就算他們已不再是你的伴侶，仍然在你的頭腦中占據空間！越是想著他們，你就越渴望他們，情緒上徒增困擾，而且會做出最終傷害自己的行為。因此最好能限制花在思念前任上的時間和精力。

儘管聽起來有些奇怪，但你不會希望完全避免想起前任；完全迴避與困難生活經歷相關的情感，可能會讓你在未來出現其他潛在的有害症狀。但我們不要讓與前任有關的侵入性與強迫性想法主宰你的思想。關鍵就在於用積極的方法回憶及思考你的前任，以及當你不希望想起他們時不去想，在以上兩者之間找到一個平衡點。

有一種很好的做法是排定專門的反芻思考時段，並練習思維停止技巧。在特定的反芻思考時段內，你唯一的工作就是想起你的前任和分手這件事。你可以尖叫、哭泣、以角色扮演的方式與前任爭吵，將心中想讓他們知道的事化為言語表達出來，畫畫或者寫日記。不管用什麼方法，只要能讓那些占據腦袋裡的想法離開就好。當時間結束時，你就不能再想前任，直到下次排定的反芻思考時段到來。為了做到這一點，你要練習思維停止技巧：一旦注意到有關前任的侵入性、強迫性或不受歡迎的想法從腦中浮現時，立刻對自己說出「停」這個字；如果只有自己一人，甚至可以大聲地喊出來！然後閉上眼睛，想像有個大大的紅色停止標誌出現。想像一個美麗又安靜的地方，讓你感到安全，然後在腦海中前往那裡。在那個美好的空間中，任何有關前任的想法或影像都會被「停」這個字擊退，而你完全沉浸在祥和的沙灘上，只有安謐的金黃色落日會引起注意。提醒自己，你可以在下一次反芻思考時段再想著前任，但現在不行。任何時候當需要將思維從前任轉移開時，都可以練習思維停止技巧，每次持續五到十分鐘。

練習

停止強迫性思念

設定一個專門用來思念前任的反芻思考時段。一開始可以安排每天三次，每次十五分鐘。對許多人來說最好的時段是早上剛醒來、中午左右和晚上回家時。當預定時段開始，用計時器設定好時間，而你只需專注在思念前任和分手這兩件事情上。可能很快地就會意識到時間對你來說是太長還是不夠用，可以調整最適合自己的時間長短，但每次以不要超過二十分鐘為宜。

設定的時間到了，就該練習思維停止技巧。在日常生活中，每當讓你心煩意亂的圖像或有關前任的侵入性想法進入頭腦時，立刻說「停」，並且想像用另一個能感到放鬆、舒緩的畫面取代。隨著練習的時間越來越久，而你在這方面的技巧變得更熟練後，可以用「冷靜」代替「停」，並好好享受這種視覺化練習帶來的祥和寧靜。每次練習這些技巧後，把它們寫在日誌裡，好作為自我照顧介入的紀錄，並記下它們對你的症狀產生什麼影響。

就和書裡介紹的所有技巧一樣，經常練習才能有效運用反芻思考和思維停止技巧。不過隨著時間累積，這些工作也會變得更加容易。當你越來越能掌握對於何時以及有多少時間思念前任的控制能力時，也需要管理渴望聯繫他們的念頭。接下來我們將解決你的渴望問題。

戰勝你的渴望

在某些強烈渴望的時刻，你會出現想與前任溝通和重新建立聯繫的迫切慾望。似乎只有見到前任才是唯一能讓你感到解脫的辦法，渴望感越來越強烈直到你投降而止。然而事實上是，只要不對它做出反應，渴望的感覺會隨時間拉長而減弱。因為渴望的強度不可能永遠保持在高水平，所以這樣的結果必然發生。因此你可以學會忍受你的渴望，讓自己好好感受在這個過程中出現的任何真實情感，直到渴望的感覺消退。

接著來看看戰勝心中渴望的示範案例。星期五晚上你和朋友在工作後共進晚餐。吃完飯正準備離開時突然湧現一股衝動，想在回家的路上順便繞去看看前任。你察覺到這種感受，所以立刻暫停其他動作並拿出日誌，打算盡快完成記錄。

八月五日、星期四、晚上八點，第十四天沒有聯繫。

情境：我和朋友剛一起吃完晚餐。

自動化思維：我想在回家的路上繞去前任住的地方，我需要見到他。

症狀：有一種難以忍受的渴望，強烈到幾乎無法自拔。

痛苦程度：9。

自我照顧介入：已經十四天沒和他聯繫了，我不想讓症狀變得更糟，所以打算回家試著克制這種渴望。

對症狀的影響：渴望的感覺減弱了，痛苦程度降到了5。相信明天早上的我會感謝自己今晚沒有去找前任！

當心中出現類似這樣的強烈渴望時，你需要選擇不隨之起舞。越是能夠忍受它們，就越能看清這些渴望只不過是暫時的。如果不向它們投降，渴望最終將會消散，更重要的是會發現你比自己想像中還要強大！藉由改變回應的方式，你可以戰勝渴望，控制症狀，並且隨著時間繼續發展，還能強化自尊心、自我效能、毅力和韌性。

練習

克服你的渴望

無論想與前任聯繫的渴望感有多麼強烈，它最終都會過去。練習忍受渴望可以幫助你避免對它們做出回應。當強烈地想與前任聯繫時，先在日誌中記錄當下的痛苦程度，並且用計時器設定十分鐘。接下來只需靜靜坐著，不要向渴望感屈服。如果感覺特別糟糕，可以再加上另一種認知行為治療技巧，例如閱讀自我激勵聲明和思維停止來度過這段時間。不被渴望牽動可能讓人不舒服，但你可以撐過去。十分鐘後重新評估渴望的強度，如果仍然很高，繼續再忍耐它十分鐘，直到減弱到一定程度，不至於影響你的日常生活為止。完成這樣的練習後，將它記錄在日誌中自我照顧介入欄位，並寫下你的症狀有哪方面的轉變。

在進行減少聯繫、思維停止、反芻思考和忍受渴望等練習時，你一定會感到不適。沒有人喜歡這種不舒服的感覺，只不過此刻你無法逃避這樣的不適，因此學會以更健康的方式處理情緒困擾變得十分重要。

處理痛苦的情緒

生活中，我們經常發現自己處於不願面對或無法掌控的情況。你無法左右前任；在這次分手中有太多事情你無法控制；你不希望對前任感到上癮，但情緒卻因此深受困擾。

全然的接納（radical acceptance）將幫助你對抗分手後讓人感到最痛苦的情緒。感受負面情緒並不是壞事。這些情緒提供了許多訊息，當遇到討厭或不想要的事情時，感受負面情緒是造就人類經驗的自然過程。全然的接納能讓你知道自己所處情境的真相：你們的愛情關係結束了，至少今天結束了。全然的接納也讓你得以處理與這種現實相關聯的感覺。當你想放下前任卻感到掙扎時，可能會出現欺騙自己的想法，例如我不能沒有他們，我一定得讓他們再次需要我，或者我能彌補一切。這些想法會反映在你的行為和感覺中，所以會試圖誘使前任回來或者活在完全不真實的幻想裡。對於分手的更誠實反應可能類似：和前任分手讓我感到非常傷心，真希望我們仍然在一起。然而事實並非如此，所以應該根據現實狀況做人生的選擇。讓自己感受因為分手而產生的真實情緒，而不是一直沉溺於已成往事的戀愛關係或幻想未來可能的發展，這麼做才能幫助自己繼續前進。

剛開始做到全然的接納並不容易，這完全可以理解。不僅讓自己暴露於殘酷的現實情況，同時還要求自己正視並完全接受它原本的模樣。然而當你告訴自己真相並且真實地感受情緒時，隨著時間流逝，真相對你的影響將會越來越小，你的行為也不再容易受它左右。（在本書的第二部分，我們會花很多時間帶你學習如何評估思想和信念的準確性，藉由不斷地練習，你將變得非常熟練。）

練習

實踐全然的接納

我們需要花點時間練習全然的接納，承認這份感情已經結束，失去了一個對你來說意義重大的人、夢想以及生活方式。好好感受從這樣的現實中產生的任何情緒。接納它們，不要做出任何阻止它們的行為。讓自己感受憤怒、悲傷、苦澀、受傷害或恐懼。每當發現自己又開始重溫舊情，陷入對彼此關係的不真實幻想中，希望兩人能再次和好，或者苦思任何能改變前任的方法，請立刻停止並將注意力轉移到你們已經分手的真相上，全然地接納它。特別是在結束反芻思考後進行這項練習更有助益：當刻意地想起前任，表達出內心的焦慮痛苦，然後當練習時間結束後把思緒拉回現實狀況，用自我肯定的態度提醒這段感情已經結束了。把你的努力記錄在日誌中，作為一種自我照顧介入。

當努力地克服自己的想法、渴望以及情緒困擾時，也需要同時處理那些有害的行為。如同我們在稍早時曾提過，為了試圖找回和前任曾經的親密感，或者分散因為這次分手造成的痛苦，你可能會做一些當下能讓感覺稍微好轉，但長期來看反而更傷害自己身心幸福的行為，現在需要停止它們。

停止有害的行為

處於前任上癮分手階段時，為了處理痛苦情緒，人們多半會做出強迫性或衝動性的行為。不斷重複且持續地做某事就是一種強迫性的行為，這些行為看似像一種習慣，例如每隔幾分鐘就更新電子郵件或檢查手機，看看是否收到前任的消息。反過來說當衝動行事時，你會在不考慮行為可能造成後果的情況下行動。例如突然感到一陣無法抵擋的渴望，立刻跳上駕駛座把車開到前任家，或者毫無計畫地大肆血拼購物，完全沒考慮花掉的錢根本超過自己所能負擔的金額。

強迫性和衝動性的行為讓你在一瞬間的感覺變得更好，這正是人們為何會這麼做的原因，但同時它們也助長了其他症狀，並導致一系列負面後果。強迫行為可能會以一種讓人廢寢忘食、不斷重複的方式霸占你的時間和精力；而衝動行為通常是你在採取行動前，如果先停下來思考一下就不會去做的事。舉例來說，假設晚上你喝了不少酒，要從酒吧打電話給前任，如果考慮到第二天早上想起自己做了這件事之後的感覺有多糟的話，當下你可能就不會這樣做了。同樣地，如果考慮到你會花多少錢在自己並非真的想要的東西上，你可能就不會瘋狂購物了。

有效控管有害行為的關鍵是在採取行動之前先考慮其後果。讓我們一起看一些例子。想像一下，你從先前完成的日誌中看到這種模式：當感到特別焦慮時，你會強迫性地拿起手機，檢查看看前任是否給你發了簡訊。這種行為的主要優點（或積極影響）是透過這種行為，可以覺得自己的症狀獲得短暫的抒解，包含強迫性思維、渴望和令人困擾的情緒。然而這種行為的主要缺點（或負面影響）是巨大的：它讓你始終對前任感到痴迷，浪費大量的時間和精力，且助長對前任上癮循環，長時間下來讓你覺得自己越來越糟糕。因此一旦意識到自己正強迫性地檢查手機，請停下來並將這段經歷記錄在日誌中：

八月二十七日、星期五、下午五點，第三十四天沒有聯繫。

情境：我感到焦慮。整天都不斷地檢查手機，想知道前任是否給傳了簡訊給我。

自動化思維：她都已經不在乎我了，為什麼還不能把她放下？週末快到了，我還是沒收到她的消息。

症狀：我的情緒變得越來越焦躁不安，肚子覺得不舒服。然而感覺越糟就越想念她。

痛苦程度：8。

自我照顧介入：我開始思考這麼做的後果：如果繼續不斷地檢查手機或發簡訊給她，可能短暫地感覺好一點，但長期來看這反而加重了我對她的情感執著！所以我放下手機，並練習全然的接納：我們已經分手了，我承諾要在沒有她的情況下繼續前進。

對症狀的影響：我覺得更有信心。痛苦程度下降到5。

以下是另一個例子。假設當你極度想找回與前任的親密感時，可能會傳送一張自己的性感照片。這種行為的主要優點是可能得到積極的反饋，對方的回應讓你的症狀獲得短暫的抒解，甚至還有機會誘使前任和你發生一場激情的約會。然而它造成的缺點卻很多：接下來你可能會花更多時間反覆分析自己傳出的每一則訊息，因為訊息中透露出對前任的渴望而感到尷尬。萬一前任沒有任何回應，你可能會覺得更加沮喪。這種行為持續的時間越長更會助長對於前任的上癮循環。因此一旦意識到自己想傳送照片，請先暫停並拿出日誌：

九月一日、星期三、晚上九點，第十二天沒有聯繫。

情境：我感到情緒非常困擾，很想傳一張性感的照片給前任。

自動化思維：我需要得到他的關注！搞不好當他看到我的性感照片後就會再次回到我身邊。我想獲得一些肯定，任何能證明他仍然在乎我的事情都可以！也許今晚我可以找其他人約會，除了能讓自己分心，還可以在網路上貼一張約會時的合照，好引起前任注意。

症狀：我感到十分恐慌並渴望和他聯繫。

痛苦程度：9.5。

自我照顧介入：我正在考慮後果：如果傳送照片，他可能會說我看起來很性感，甚至過來找我。但那對我來說有什麼意義？我們仍然分手了。萬一他不回應呢？那個時候一定會讓我覺得比此刻更受傷丟臉。只是為了讓前任嫉妒而隨便找個人約會也是一個爛主意。所以我不會傳照片給他，我要打電話找朋友聊聊。

對症狀的影響：在決定不傳送照片後，痛苦程度降至6。我知道這是正確的選擇，且為自己沒有向慾望屈服而感到自豪。

在採取行動前先考慮那麼做的後果，能幫助你在前任上癮循環變得更惡化之前即時進行介入，同時避免你做出讓自己感到後悔的抉擇。

練習

考慮後果

你需要識別自己的行為是否為了重新獲得與前任的親密感，或者分散情緒上的痛苦。可以從已完成的自我監控日誌中找到相似的案例，然後考慮每個行為可能帶來的主要優點和缺點等後果，就如同上述所分析的案例一樣。如果曾經做過什麼讓你事後感覺很糟的行為，其實我們每個人都做過類似的蠢事，用它來警惕自己絕對不要再犯。未來當你又準備做同樣會傷害自己的行為時，停下來，思考一下該行為會造成怎樣的不良後果，你就能做出對自己更有益處的選擇。把努力的過程記錄在日誌中自我照顧介入的欄位裡。

繼續前進

隨著學會使用自我監控日誌來評估並追蹤生活中前任上癮循環的表現，你的有害思考—感覺—行為模式將變得更加明顯。而這樣的改變能讓你發現自己如何在無意間造成症狀惡化，以及能在哪裡做出介入，好阻止症狀如滾雪球般地不斷擴大。從本書學到的認知行為治療技巧，包含記錄日誌、切斷與前任的聯繫、安排反芻思考時段、練習思維停止、克制心中渴望、在採取行動前考慮後果等，不僅會隨著練習的時間增加而減輕症狀，更能增強你的自信心。你會發現日後當面臨困難的情況下，能做出更加確認自我價值，肯定自我的決定。如果感到掙扎或犯了錯，請不要對自己太嚴苛，因為這一切都是需要練習的新功課！閱讀自我激勵聲明，提醒自己即使執行起來並不容易，為了放下前任並且為自己創造一個充實的未來，你還是會堅守承諾繼續練習下去。

下一章我們將探討被稱為「觸發因素」，會加重你的症狀的情境因素，同時為它們擬定應戰計畫。我們還會找到能幫助你在沒有前任存在的情況下感到愉快的新方法！它們包含設定更健康的界限、獲得更多社會支持、滿足你的身體健康需求，甚至找到一位熟練的治療師來幫助你繼續前進。

第三章

管理觸發因素並加強自我照顧

♥ 我已經連續二十七天沒有主動聯絡前任。透過自我監控日誌，我發現任何想得到有關前任資訊的行為，到頭來都會讓我感到更糟。我的注意力不能再放在他身上，如此一來才能建立自己的新生活。雖然過得很痛苦，但我知道必須這樣做。

♥ 我發現每當下班回家經過公園時就會想起她。當看到以前我們常去的咖啡店時，許多回憶瞬間就會湧現在腦海中，我有好多話想跟她說。所以現在我需要擬定對策，下了班還沒走到公園之前，我開始進行思維停止練習。如果某天真的過得很糟，我會選擇走別條路回家。

♥ 距離上次和前任聯絡已經過了四十二天。有時候不能聯絡真的讓人感到痛苦，我仍在學習忍受這種渴望。理性告訴我應該放手並繼續前進，但我的心似乎做不到。因此我將不斷地練習這些技巧，直到我的心能與理性同步的那一天到來為止。

從上述其他人的經歷中可看出，改變與前任有關的思考—感覺—行為模式非常困難。直到現在你可能都沒有意識到自己的症狀是在一個對前任成癮的循環中運作。你可能也沒有意識到，無論是心中默想或真正地嘗試親近前任，都會讓你的症狀惡化。與前任之間的任何聯繫都會使你更想念他們，產生更強烈的渴望，情緒變得更困擾，而且容易做出最終會傷害自己的行為。日子久了，還會削弱你的自尊，甚至可能讓你忘記一個重要的真相，那就是無論單身或者還與前任在一起，你都是同樣有價值的人。

因為要用完全不同的方式回應這次分手，你所做出的改變同樣不容易。這需要練習、承諾和許多慎思後的努力。現在當察覺自己過度沉陷於思念前任時，你會暫停並開始思維停止練習。當注意到自己在查看舊訊息時，你會暫停並想到為了繼續前進，你的心不能再和前任有任何瓜葛。當出現強迫或衝動的行為時，你會停下來，並在做出可能後悔的事情之前先考慮後果。隨著不斷練習，你會發現藉由不同的回應方式，前任上癮症狀是可以改變的。這就是你真正的力量所在：雖然無法控制前任或讓這段分手消失不見，但是你能做出讓自己感覺更好的選擇。選擇將所有精力投入康復而非沉淪在過去的痛苦中，如此一來就能重拾自己的能力。

隨著藉由記錄日誌持續地追蹤症狀並練習新的自我照顧介入，就能更善於預測對你來說最艱難的情況。這能幫助你事先擬定應對計畫，並在它們引發症狀之前進行介入。在這一章我們要幫助你找出自己的觸發因素，加強自我照顧，以便你能再次找到生活的樂趣。讓我們開始吧。

認識並管理你的觸發因素

是否注意到在某些情況下你會不由自主地想起前任，並立即讓症狀惡化？也許每週二你在下班後會感到更難過，因為那是你們常去的小酒館固定舉辦的葡萄酒半價之夜。也許在公園看到黃金獵犬，因為那是你前任最喜歡的狗。也許是七月第四週的週末，因為那天你們總是會外出共度美好假期。也許是經過前任發生外遇的飯店；也許注意到某支運動隊的比賽活動；也許是瑜伽課；也許是當工作倍感壓力時，因為前任最懂得如何在你沮喪時撫慰你的心。

那些讓你想聯絡前任的情境或事件被稱為觸發因素。觸發因素通常來自外界的刺激，例如看到讓你想起前任的人、曾經一起進行的活動、節日、氣味，或者彼此共同分享的傳統。觸發因素也可以是心靈上的思緒、感覺以及身體上的感觸。例如當你的情緒比平常更激動、身體健康出了問題、與另一人發生性行為，甚至只要感到疲倦時，前任可能會立即浮現在腦海中。觸發因素所造成的問題在於一旦遇到它們，症狀就會立即爆發。而在這些時候只要你的感覺越糟，就越會更想聯絡前任，因為觸發因素會促使你使用任何讓你感到上癮的物質或行為。

對於任何正在經歷痛苦分手的人來說，許多觸發因素都令人感到困擾，包含你已經努力做出的改變。翻閱舊照片、經過前任的家、試圖探查對方現在的約會對象，或者想像他們與其他人發生性關係，通常都會觸發強烈的症狀。但大多數觸發因素都與當事者息息相關。你只要對它們的認識越清楚，就越能擬定應對計畫，不會被它們推入前任上癮循環中。

開始識別你的觸發因素之前，先來看一下梅的故事。梅在與丈夫穆罕默德離婚不久後開始接受治療。儘管理智上她知道結束婚姻對她以及他們的兩個孩子來說是正確的選擇，但梅似乎無法前進。不斷回憶起婚姻中早年的幸福美好時光一直造成她的困擾。當問及梅為什麼決定離開丈夫時，她表示穆罕默德喝太多酒，十分自戀，同時又拒絕接受治療。穆罕默德在一次狂歡夜之後錯過了重要的家庭活動，成為壓垮彼此關係的最後一根稻草。儘管是梅主動提出離婚，但她卻表現出典型的前任上癮症狀：對離開的決定感到懷疑，只注意到先前關係中美好的一面，並對自己破壞了家庭感到極度內疚。更棘手的是他們還有共同的孩子，這意味著梅無法完全切斷與前任的聯繫。

在我們共同努力的過程中，讓梅感到最難處理的觸發因素漸漸浮現。先來看看她的三則日誌，同時練習辨識這些觸發因素，試著找出使她的症狀惡化的任何觸發因素。

九月十六日、星期四、半夜，第五十六天沒有不在計畫內的聯絡。

情境：明天穆罕默德要來接孩子們。

自動化思維：他們在一起會做什麼？有另外一個女人也在那裡嗎？我希望我們還在一起。

症狀：我不斷地想著穆罕默德以及他和孩子在一起的時光。感到非常焦慮，身體不舒服，也沒有食慾。

痛苦程度：7。

自我照顧介入：我做了兩次反芻思考和思維停止練習。同時也做了全然的接納，提醒自己我們已經離婚，我無法控制穆罕默德此刻在做什麼。

對症狀的影響：經過努力的自我照顧，情緒困擾和生理症狀有所改善，至少我能夠入睡了。

九月十八日、星期六、上午十一點半，第五十八天沒有不在計畫內的聯絡。

情境：孩子們跟穆罕默德在一起，我獨自在家。

自動化思維：剛結婚時我們是那麼幸福。他可以改變，我們可以回到過去的模樣。都怪我太快放棄了婚姻，之所以分手全是我的錯。

症狀：我的思緒雜亂，幾乎要失控！感到悲傷、焦慮和沮喪，不停地哭。我好想開車去找他，哀求他重新接納我。

痛苦程度：10。

自我照顧介入：我一遍又一遍地閱讀激勵聲明。靜靜地接受自己的感覺。考慮到去他家的後果，最後決定不這麼做。我克制住渴望，讓學習到的技巧幫助我，而不是向穆罕默德求救。

對症狀的影響：我仍然感到非常困擾，但是沒有被渴望牽動而貿然行動。和做了這些練習之前相比，我的恐慌感不再那麼強烈。

九月二十日、星期一、上午六點半，第六十天沒有不在計畫內的聯絡。

情境：我剛醒來。回到家的孩子們還在睡覺。

自動化思維：這個週末他們做了什麼？他是否曾想過我？因為無法放手而覺得自己很可悲，不過好在孩子們和我一起待在家裡。

症狀：現在的我比週末時更冷靜，但情緒上已感覺筋疲力盡。我想停止對他的過度思念。

痛苦程度：5。

自我照顧介入：我練習了思維停止和全然的接納，穆罕默德不再是剛和我結婚時的那個人。我們離婚是件好事。

對症狀的影響：我非常感激能安然度過週末，沒有做出任何讓我現在感到後悔的事情！整體痛苦程度降至4，感覺自己變得更強壯。這個週末沒有因為屈服於症狀而做出有害的行為。

是否從梅的日誌中發現某些觸發因素？你可能注意到當週末穆罕默德把孩子接走，獨自一人在家對她來說是一個巨大的觸發因素。從她的第一則日誌開始，也就是在星期四晚上穆罕默德把孩子接走的前一天，梅開始變得極度焦慮，不斷思考他們會做什麼。等到孩子離開後變得更加沮喪，焦慮的程度急速上升，腦海裡想的全是他們在做什麼，這種強迫性思維使她強烈地想和前任聯絡，希望能重修舊好。前任上癮循環一發不可收拾！到了星期一當孩子們回到家後，因為不再感覺孤單，症狀也隨之減輕。必須面對愛情成癮分手以及努力地接受已經離婚的事實，這種感覺並不好過。雖然每個週末穆罕默德都會把孩子接走，但這些觸發因素已經不會再讓梅表現出極端的行為。

你是否也從自己的生活中看到一些觸發因素？有沒有哪些場景或情境使你難以抗拒地想與前任聯絡？為了防止這些因素助長前任上癮循環，你需要意識到它們，以便用積極有效的方式面對。現在我們一起來探討你的觸發因素。

練習

識別以及為觸發因素擬定計畫

無論是外在情境或者內在經驗，只要會強烈地讓你想與前任聯繫，都是你的觸發因素，將它們列成一張清單。查看一下你的自我監控日誌，有沒有發現任何特別會使你感到情緒掙扎的模式？特定的日期或時間？就和梅一樣，週末或者其他沒安排什麼活動的日子對很多人來說都容易觸發情緒焦慮。此外夜晚也是另一個讓人感傷的時段，因為那是曾經與前任共枕眠，現今卻孤枕難眠的時間。

接下來仔細地檢查你在日誌的情境欄位裡寫下的內容，有沒有什麼會反覆出現，對你產生觸發作用的情境？舉例來說，和特定人士在一起；感到疲憊時；飲酒後；和有伴侶或已婚的朋友外出；深夜時仍沒回家；捉襟見肘、財務狀況不佳時；和家人聚會等情境，把它們列入觸發因素的清單中。

最後思考一下你和前任的整體關係，日誌中是否可以找到某些看似不明顯，但特別會讓你想與前任聯繫的蛛絲馬跡？例如一年中某個特定日子、假期或活動、生日等時間；特別的興趣嗜好、名字、顏色、城市、地方、餐廳或者某人。將這些事物寫下來。

現在你已經識別出一些主要的觸發因素，我希望你為它們做好計畫。在清單中每項觸發因素的旁邊，寫下一些可以用健康的方式應對的方法。例如你已經發現每週六的晚上特別難熬，不妨安排在這一天和朋友共進晚餐，出席十二步驟聚會，參加瑜伽課，或者安排更長的反芻思考時間。如果和朋友喝酒或者參加派對時特別容易受到觸發，出門前一定要堅定地要求自己別與前任聯絡。甚至可以讓朋友知道你的困難，並請他們幫助你度過這些時刻。以上所有做法的最終目的是讓你意識到可能導致觸發作用的情況，並練習在不與前任聯繫的情況下，保持理性冷靜地做出回應。

一些可以幫助你面對觸發因素的健康方式包括：

- 讓生活過得更緊湊。在最容易受到觸發的日子安排一些能讓你覺得愉快的活動。
- 尋求社交支持。打電話給自己信任的朋友或家人，與他們討論你的經歷。
- 從事能提升心理健康的活動。參加治療課程、互助團體聚會、宗教信仰活動，或者閱讀一本書，例如這本書！
- 改變環境。離開目前所處的空間，到一個自己喜歡的地方。喝杯咖啡，外出散步，到自己最喜歡的餐廳吃飯，或者參觀當地藝術博物館的畫作。
- 進行一些改變身體感知的活動。做運動，吃一些健康的零食，泡一個熱水澡，刷牙，或者嚼口香糖。任何能改變身體感覺的事物都可以。
- 把自己的想法、情緒和經歷寫在日記中。
- 回饋社區。幫助他人是互惠互利的，替你的社區做些事。
- 練習從這本書學到的任何技巧：反芻思考、思維停止、抵抗渴望、全然的接納、考慮行為後果，或者閱讀你的激勵聲明。

許多對於管理觸發因素的建議，都是為了改善你的自我照顧方法，增進身心幸福，這是當前最重要的工作。除了將造成傷害的事物從生活中移除之外，還希望在這次分手後的復原過程，你的生活變得更充實、積極、愉快和有意義。藉由設定更健康的界限，增加社交支持，更好地照顧自己的健康，甚至找到一位熟練的心理治療師，都能幫助實現這個目標。所以現在讓我們開始改進你的自我照顧技巧。

設定健康的界限

儘管許多人認為界限是讓他人知道該如何行動的規則，實際上並非如此。界限是關於你的一切！它們確立了在彼此關係中對於自己該如何被對待的期望，以及如果有人違反了這些原則，你將採取怎樣的行動。你可以設定身體或性愛的界限，代表著你希望人們如何觸碰你（以及不可觸碰你）。可以是情感的界限，代表著你希望別人如何與你交談，如何處理感情，以及如何與你建立聯繫。可以是財務的界限，反映出該由誰付錢以及何時支付。可以是關係的界限，反映了你期望自己與家人、朋友及愛人之間，可以和不可以的互動方式。實際上界限包含了你在生活中與他人互動的各個面向的期望。設定並且表達出自己的界限，以及當別人違反後的下場，可以讓你在與他人的關係中保持安全。

我要強調界限不是用來控制別人，或要求他人如何塑造自己的人格或身分。它們與懲罰或報復無關，並非要你在受到別人傷害時，憎恨地還以顏色。每個人都有按照自己方式生活的自由，其中也包括你的前任。界限並不意味著你能侵犯他人的自主權。實際上，如果你想用控制或操縱別人的方式設定自己的界限，最終一定會傷害自己、他人以及彼此的關係。界限是為了清晰表述你是誰，希望別人用什麼方式或不能用什麼方式對待你，以及遭受不喜歡的對待方式時會怎麼回應。

此時由於你和前任之間的關係已發生本質上的改變，可能導致彼此間的界限混亂又不明確。當一段關係結束時，你和舊情人之間的情感、期望等互動模式發生變化，界限往往也變得扭曲。當理智處於堅強和清醒狀態，或許你還能客氣有禮地向前任傳達自己覺得可接受和不可接受的事情。如果此時有某一方違反了界限，比較容易確定責任歸屬並解決問題。然而當陷入前任上癮循環時，由於感覺糟透了，以至於你可能尋求任何帶來安慰或減輕症狀的親密感或情感連結。即使這麼做違背了你的價值觀、對自我期許的表現，或者希望前任對待你的方式。在前任上癮分手的過程中，爭吵、深夜不甘寂寞而發生性行為，或者出於絕望而懇求重新復合都是常見的行為，最終這些事都會讓你感覺糟透了。

界限不清或不一致的最大問題在於，你將更難改變與前任互動關係的模式。在心理學術語中，無法引發一致性後果的行為被稱為間歇性強化（intermittently reinforced），這意味著如果你的回應不一致或無法預測，人們就無法預料你會做出什麼反應。舉例來說，如果在某些時候你歡迎前任回到你身邊，但在其他時候又拒絕他們，由於傳遞出混亂的訊息，你的前任將無法知道你到底想要什麼。這麼做無論對你或彼此的關係都不利，因為人們不再信任你，你也不會信任自己。信任建立在言行一致上，你說什麼就是什麼，有誠實的意圖和善意的行為表現。因此與前任之間設定清晰的界限，並且貫徹你設定的任何後果是件非常重要的事。

考慮到此時你與前任的界限可能十分混亂，我鼓勵你能參考並做到以下建議事項：

堅持做到不進行計畫外的聯繫。希望現在你已經完全了解為何限制與前任聯繫有那麼重要：與前任聯繫會助長上癮循環，讓症狀變得更糟。你已經練習了切斷聯繫，但如果因為一時感到脆弱而堅持不住，無論你先聯繫前任或他們主動聯繫你，現在就需重新建立不進行計畫外聯繫的界限。

如果無法完全切斷聯繫，你需要對於如何以及何時溝通，有哪些內容可以或不能談論等細節設定明確的規則與方法。討論的話題應針對必要的訊息，例如與孩子有關的行程安排、財務相關義務、法律議題、工作要求或旅行計畫等，同時需避免能拉近兩人關係的親密對話。現階段我強烈建議你只能在計畫表排定的時段裡，透過電子郵件與對方溝通，比如每週一早上發送最新的資訊。電子郵件很有幫助，因為你有足夠的時間可以檢查訊息，在發送前得以確認所有內容和語氣都是理性且清晰的。只有在緊急情況下才發送簡訊或打電話，因為它們容易引起情緒反應和造成誤解，這類問題目前不易解決。

暫停具有性暗示的互動。避免與前任進行任何形式的性愛互動或浪漫交流。利用性作為吸引前任注意的工具有可能讓你在日後感到更糟糕。性愛與高潮會讓身體釋放荷爾蒙，使你感覺彼此的關係更加親近。這可能導致你對前任產生更強烈的吸引力和依戀，使你更難以放手。

今天別當朋友。也許未來的某天你能與前任成為好朋友，但不是現在。只有時間能告訴你，將來的你是否希望與他們保持柏拉圖式的友誼關係，以及你是否有能力和他們做朋友。現在請保持距離，因為你需要療癒的空間。

停止重修舊好的念頭。現在你們已經分手了。分手的意思代表著你們從前關係的某些部分，無論對於你、前任，或者雙方都不再起作用。想在未來重新團聚，你們關係中的某些方面將需要改變。在那之前，專注於自己就好。如果你和前任真的決定重修舊好，一位優秀的心理治療師或許能夠幫助你們朝那個目標努力。

如果能夠建立良好且強壯的界限，沒有前任的生活將會更加輕鬆。如果你已經切斷了與他們的聯繫，恭喜你！請繼續努力下去。如果你已經聯繫了前任，無論是因為自己失控或者他們先這樣做，那麼建立清晰的界限將有助於你繼續前進。

練習

設定你的界限

在日記中撰寫一份界限聲明，明確地寫下未來你希望如何與前任互動。最終這份聲明畢竟是為你自己而非前任，因此你可能永遠不會讓他們知道聲明中的內容。如果想直接向前任表達你的界限，可以使用它來引導你們的互動。

就像寫信給前任一樣，首先描述你希望如何與他們互動。大多數情況下，這份聲明代表了你目前不想與前任有任何直接聯繫。然後描述如果你要聯繫對方的話會怎麼做。例如：

為了在沒有你的情況下讓自己得以療癒並建立新生活，我需要空間。也許將來能夠再次與你溝通，但今天的我還沒有準備好。因此我將不再聯繫你，請你也這樣做。如果日後你主動聯絡我，我將不予回應。祝你一切順利。

如果你無法完全斷絕聯繫，就像梅一樣，你設定的界限中就包含如何與前任聯繫。為此撰寫一份聲明，明確地表達在互動中你期望得到什麼，你會怎麼做，希望對方怎麼做，以及如果界限遭違背時會採取什麼措施。舉例來說，梅對前夫的界限聲明如下：

親愛的穆罕默德：

我希望找到一種有效的方式和你討論有關我們孩子的事情。目的是為了掌握孩子們的行程安排以及任何即將發生的明確事件，比如旅行或者寒暑假等日子，以確保我們意見一致。我希望使用電子郵件進行溝通，只有在緊急情況下才會發送簡訊或打電話聯繫。因此每週一的早上我會發一封電子郵件給你，並希望你盡量能在一天內給予回覆。此外我希望溝通的內容僅專注於孩子；現在談論我們的關係或其他話題對我們都沒什麼好處。因此如果你提出與孩子無關的其他話題，我都不會予以回應。

謝謝你為了照顧我們孩子的需求而與我合作。

梅

當確定了在與前任的關係中你想要和需要的事情時，就更容易傳達自己的期望，且在你的界限被突破時如何應對。再次強調，你的前任可能不會改變他們的行為，但你永遠可以改變自己的。

一旦與前任之間設定了更清楚明確的界限，周圍支持你的人將帶來巨大的幫助。當開始邁向沒有前任的新生活，找到不僅能幫助你度過難關，還能為你的生活帶來喜悅的人非常重要。讓我們一起尋找能增加你的社交支持的方法。

增加社交支持

分手這件事可能對你的社交生活已經造成嚴重的影響。別說和你產生社交互動的最主要對象，也就是你的前任已經不存在，兩人關係的結束同時也會對相關的朋友圈、社交日程安排以及生活方式造成巨大影響。兩人的共同朋友在原本社交生活中占有很大的比例，和他們的關係在分手後明顯地發生變化，甚至無法挽回。以前經常去的地方現在會刻意避開，而且可能因為情緒脆弱，外出認識新朋友這件事特別讓人感到不安，甚至覺得痛苦。此刻的你可能不怎麼想參與社交活動。

然而人類是社會化的動物，與他人共享興趣、經歷和熱情使得我們的生活更有趣且更充實。事實上感覺能成為社群或社會團體的一分子對心理健康來說非常重要，也能為療癒過程帶來極大幫助。重新和分手前就已經熟識的親朋好友、同事、鄰居或其他與你關係密切的人聯繫，再加上發展新的人際關係，可以幫助你面對困境。事實上有許多機構和十二步驟組織，例如互助依賴匿名組織（https://coda.org）和性愛成癮者匿名會（https://slaafws.org），正是為了支援那些飽受愛情困擾的人而創立。這些團體提供社交支持，而且規劃的課程與認知行為治療相輔相成，除了這本書之外，這些團體也能提供非常有幫助的資訊。

除了維繫好舊有的關係和建立新關係外，宗教信仰對於許多尋求康復的人來說也很重要。十二步驟組織正是建立在有一個神的主張上。每個人信奉的崇高力量各有不同，不過大多數宗教信仰推崇的都是一種仁慈、寬恕、充滿愛的力量，出自於這樣的動機，無論對你和周圍所有人都是好事。儘管與靈性的關係因人而異，但坦承你對前任無能為力，並相信有一股強大的力量在背後支持你，無疑更令人感到安慰。如果你認可任何一種精神上的寄託，或者願意敞開心胸探索這方面的領域，我鼓勵你讓信仰成為療癒過程的一部分。在戒酒無名會的傳統中，大多數會議都以「安寧禱文」開場：上帝，請賜給我安寧的心境，接受我無法改變的事情，請賜予我勇氣，去做我能改變的事，並賜給我智慧，分辨這兩者之間的不同。有時僅僅藉由請求引導和恩賜的祈禱，就能幫助你度過最黑暗的時刻。

練習

尋找社交支持

有鑑於你的支持系統現在可能正發生巨大變化，思考一下未來你希望有哪些人出現在自己的社交支持網絡中。當你在最心煩意亂時可以依靠誰？希望更常聯繫什麼組織或團體？有沒有想探討的話題？甚至未來的某一天，你還可以在社交網絡上幫助其他正在經歷愛情成癮分手的人；鼓勵別人的同時也可以讓你成長得更茁壯，讓所有參與在內的人都感覺良好。在你的日記中敘述想要獲得更多社交互動的方式，並將任何尋求支持的努力記錄在自我照顧介入的欄位。

除了社交生活出現變化，自從分手後你的身體健康可能也受到影響。接下來我們要討論這個問題。

照顧你的身體健康

現在你可能根本無暇關心身體健康的問題，不過自從分手以來，你的身體可能已經變得越來越虛弱。可能已經停止規律的運動或者忽略了基本生理照顧，例如淋浴、刮鬍子，甚至更換衣服。可能沒有胃口，情緒化飲食或者暴飲暴食，例如一整天不吃東西，只有在感覺特別好或特別糟糕時才進食，就寢前突然衝動地吞掉一大桶冰淇淋。除此之外，其他不同的成癮行為也經常在這段期間同時發生。換句話說，如果無法克服愛情成癮，你可能也無力抵抗其他成癮行為，比如賭博、吸菸、喝酒、購物、放縱的性行為或者線上遊戲。這些行為都可能對身心的健康幸福造成負面影響。

保持身體健康對於康復之旅十分重要，因為必須足夠強壯才能度過這段時期，所以對你來說，現在就是再次確認這件事的好時機。好好照顧自己的身體，有任何嚴重的健康問題必須尋求醫療協助，如此一來才能讓你繼續前進。

練習

讓自己更健康

思考一下你身體的整體健康狀況。是否運動量不足或過度？睡眠品質好不好？體重有無增減？有沒有攝食足夠的新鮮水果和蔬菜？是否服用維他命或其他營養補給品，好確保從飲食中獲得足夠的營養？在日記中寫下自從分手以來，你做了什麼保持身體健康或有害健康的事。試著培養更健康的睡眠、飲食和運動等習慣。將它們記錄在日誌中，這是你的自我照顧方法。

除了照顧好身體健康，滿足心理健康需求也是當務之急。有時遭受分手的打擊，人們出現的症狀會從原本典型的失落感轉變成有破壞性的強烈批判。這時候就需要專業人士的協助。

尋找一位熟練的心理治療師

我總是認為接受心理治療是你送給自己的一份禮物。這是你的一生中，唯一一個只為了造福自己而決定的人際關係！所以如果你對心理治療感興趣，我鼓勵你尋找一位熟練的心理健康專業人士。不過，如果你正在經歷以下嚴重的症狀，應立即尋求專家的幫助：

- 你擔心可能會傷害自己或他人，並且有計畫這麼做。
- 你出現嚴重的症狀，已經無法滿足基本生活需求。例如無法從床上起來或無法進食。
- 感到極度沮喪、焦慮，或者因為分手而出現創傷。例如從早到晚都神經兮兮，緊繃的情緒無法放鬆，注意力無法集中或對未來感到絕望。

・工作或學業上的表現失常，甚至曠職、曠課。
・過度飲酒或使用藥物，甚至已經表現出病態。
・無法妥善照顧所扶養的對象，包括你的子女、年邁者或寵物。
・即使受到警告，你仍無法停止聯繫或跟蹤前任的行為。

想從這次分手中走出來，心理治療師可能扮演著非常有幫助的角色。我建議尋找一位在認知行為治療、成癮治療和人際關係方面具有經驗的專業人士。如果你有保險，不妨查詢一下保約內容是否給付這方面的開銷，並且仔細參考治療師的簡歷。當找到看起來適合你的人選時，先預約一次會談。如果會談進展不順利或感覺不對，也可以再尋找另一位治療師。事實上你可以與多位治療師進行初步對話，直到找到能積極地支持和引導你的合適人選為止。如果接受了心理治療，把自己努力的過程記錄在日誌中。

繼續前進

現在的你已經在有效地應對當前症狀上取得了良好進展。更加意識到自己的症狀，使用日誌來評估它們在你生活中的作用，並練習一系列新技巧來積極地制止它們。你也再次讓一些能支持、鼓勵及促進你成長的人與活動重新回到生活中。你的努力值得恭賀！隨著時間累積，持續不斷的努力也將得到巨大的回報。

在本書的第二部分，我們將更深入地探討你怎麼會對前任上癮，以及什麼原因讓你無法走出來。這需要仔細檢視你對自己、前任和這次分手的想法和信念。想要真正走出來，避免在下一個約會對象身上重蹈覆轍，我們必須挑戰你想法中虛假和無益的地方。

Part 2

挑戰讓你
卡住的信念

第四章

清晰思考你的分手

昨晚是分手三個月以來，前任第一次傳簡訊給我。得到她的消息讓我感到非常欣慰。曾經有那麼一瞬間，還以為我的祈禱已經得到回應，她想要重修舊好。可惜事實並非如此，因此我練習了設定界限。我告訴她我愛她，但現在無法與她對話，未來也不會回應她的消息。要這麼做很困難，但我知道就長遠來看這麼做比較好。

我已經四十九天沒有聯繫前任了。對我來說完全接受這次分手是一項巨大的挑戰。我一直設法誘惑他，想將他贏回我身邊，而不是接受我們已經分手的事實。因此我需要繼續練習，直到更容易接受這件事為止。

今天第一次參加互助依賴匿名組織聚會。去之前覺得有些緊張，不過到達會場與其他和我一樣感到掙扎的人見面之後，知道自己並不孤單，心中便不再感到不安。我們都努力地用某種方式放下過去。

和從前相比，現在你可能已經更能意識到你的前任上癮症狀，以及它們對生活上的影響。了解想親近前任的慾望如何助長一連串讓你感到糟糕的想法、渴望、情緒和行為。現在已看到你的前任上癮循環正在運作，而你積極地練習許多技巧好制止它。就和上面故事中其他前任上癮者一樣，你正在設定更明確的界限，獲得更多社交支持，努力做到全然地接受這次分手，以及對觸發因素做出不同的回應。由於上述技巧是全新的不同體驗，讓你感到陌生，但因為你已承諾要在沒有前任的情況下繼續前進，所以仍努力以赴，這樣就能擁有一個更充實的現在和未來。

也許你已經意識到放下前任需付出很多時間和積極的努力。可能比你在開始閱讀本書之前預期的還要多！每天密集地使用自我監控日誌來追蹤生活經歷，有時都會覺得這項任務一點也不愉快，更不用說還需以全新的方式應對自己的症狀，要做的工作實在太多了！相信我，我完全理解，而且不希望你停下來！你練習得越多，這些工作就會變得越容易。因為你變得更強大、更明智，更能以有益且自我欣賞的方式應對生活中各種情況。因此在你創造光明未來的過程中，將有更多時間和能量去享受已經存在於生活中的美好事物。實際上這就是我們努力的最終目標，而你正在這麼做。

到目前為止，討論的內容都專注在理解你此時的成癮症狀，以及設法讓感覺變得更好。現在到了本書的第二部分，我們將探索起初你是怎麼陷入這種狀態的。我們將從你對這次分手的思想內容開始解鎖。雖然每個人都希望無論任何事，自己的想法始終是對的，也就是說我們的感知與看法是有所根據而且合乎邏輯，但實際上我們的思想往往有很大的缺陷且不準確。因此康復旅程的下一階段是意識，評估並挑戰那些讓你對前任難以忘懷的缺陷思維模式。讓我們現在就開始。

全都取決於觀點

不難想像因為失去前任，導致了痛苦的前任上癮症狀。從某種程度上來說的確是如此；如果此時你仍和前任在一起，可能就不會覺得那麼糟糕。然而若從另一個角度來看，這不是真正的原因，導致所有症狀的原因並非你們的關係結束，而是你對分手的看法。你的思維方式決定了痛苦程度是增加或減緩。

也許聽起來有點像是在咬文嚼字，而不是什麼有意義的事，所以讓我們仔細地解釋一下。從認知行為治療的角度來看，你的分手是生活中發生的一個情境。我知道它對你的人生造成深遠的影響，是讓日常生活發生極大改變的重要事件，但它仍然只是一個情境。而且就像生活中發生的所有事件一樣，這種情境存在於你思想之外。它本身沒有固有價值，沒有自身的意義或分量。在你對它做出反應之前，它僅僅是一個事件。分手這件事讓你做出的反應，很大程度上取決於你對它的看法。當你想起前任時，瞬間從腦海中閃現的想法，也就是你在日誌中一直記錄的自動想法，對於你的感覺有多好或多糟，以及會採取怎樣的行動有極大的影響。

讓我們參考下述例子，好了解如果它發生在你的生活中是什麼模樣。想像一下上週你的一位朋友在某間餐廳巧遇你的前任，看起來好像正在和什麼人約會。聽到這個消息你的心突然抽了一下，感到慌張之餘胸口還有些刺痛。不過很快地你就意識到這些強烈的症狀，所以停了下來並且盡快拿出自我監控日誌，把以上情境記錄下來：「我的朋友意外地遇到好像正在和別人約會的前任」。請記得，這句話真實描述了發生在這個世上的某件事，只不過你的內心對它產生了特殊的反應。

確定該情境後，請將你的自動化思維寫下來。當一想到該情境的畫面，瞬間在腦中閃現的想法，而這些想法將使你的經歷呈現不同意義，也許對你有益，也許會害了你。舉例來說你可能會這麼想：我的前任離開了，他們永遠不會回來了！我的生命結束了！當這樣想的時候，你覺得自己會有什麼感受，以及出現什麼行為呢？如果你像大多數人一樣會陷入極度沮喪中，要不是一頭栽進最近的酒吧裡買醉，就是一蹶不振地從早到晚倒臥在床。你的痛苦指數可能很高，沒有十分也有九分吧，而在日誌寫下的內容大概類似這樣：

十月六日、星期三、上午十一點，已經三十二天沒有聯繫。

情境：我的朋友意外撞見前任正在約會。

自動化思維：我的前任已經離開了，再也不會回來了，我的生命結束了。

症狀：我感到絕望和沮喪，想去最近的酒吧買醉好麻痺這樣的痛苦，或者一頭鑽進被窩裡。

痛苦程度：9～10。

自我照顧介入：為了不要自我孤立地躲在床上，我要打電話給一位朋友。聽到前任正與某人約會的消息對我來說是極大的觸發因素，所以我想尋求一些社交支持。

對症狀的影響：跟朋友談談後，我對於這件事有了新的看法，這正是我需要的結果。

現在讓我們試試，在相同的情境下如果你改變想法，症狀會發生什麼變化。如果你的自動化思維是：聽到前任已經開始約會的消息讓我很不好過，不過既然我們都分手了，他們可以做任何想做的事情。儘管有些覺得受傷，但現在我更需要專注於自己的康復，在沒有他們的情況下繼續前進。在這種情況下你可能仍然感到悲傷，不喜歡前任與別人約會的消息，但可能不會感到那麼沮喪。和蜷縮在幽暗房間的被子裡相比，承認自己的感受應該更容易，日子也得以繼續過下去。因為沒有出現非常強烈的症狀，你的痛苦程度相對也較低，可能在4到5之間，而且這個分數還是在進行自我照顧介入之前。你在日誌裡的紀錄可能類似下述內容：

十月六日、星期三、上午十一點，已經三十二天沒有聯繫。

情境：我的朋友意外撞見前任正在約會。

自動化思維：很難接受我的前任已經開始約會的消息。但我們已經分手了，他們可以做任何他們想做的事情。儘管有些覺得受傷，但現在我更需要專注於自己的康復，在沒有他們的情況下繼續前進。

症狀：我感到難過，很想念他們。

痛苦程度：4～5。

自我照顧介入：現在我要先練習思維停止，今晚還會額外多做一些自我照顧練習，好讓我對自己以及在這次分手中的表現感到滿意。

對症狀的影響：越常練習這些技巧就覺得自己變得更強大了。

我真的希望你能從這個例子中看出，故事的情境並未發生任何變化：朋友看到你的前任正在約會。唯一改變的是你對該情境的看法！如果讓自己的觀點變得更有益處且具有力量時，你的情緒反應、渴望和衝動的行為也會轉變成更健康的方式。這種看似簡單但極其重要的觀點轉變，對你的健康幸福能造成巨大的影響。

好消息是隨著你對自動化思維的意識增強，不僅有能力評估它們是否準確，還能在它們是錯誤的情況下向其挑戰。當這樣做的時候，你的症狀自然會減弱，情緒不會那麼悲觀或反應過度，想用衝動和強迫方式行動的念頭減少，心中的渴望不再那麼強烈，身體不會那麼緊繃、萬念俱灰或者感到隨時會崩潰。因此讓我們學會識別並挑戰你的錯誤思維。

辨識紅旗型前任上癮思維

認知行為治療的一個核心假設是，錯誤的思維將我們的心理健康逼入困境。作為人類，我們希望能認為自己的思維是正確的，也就是說能準確地反映事實。不幸的是，許多錯誤的想法每天都會自動浮現在我們的腦海中，根本沒有經過任何有意識的努力或自覺。當我們的情緒感受到強烈的痛苦時更是如此。因為在這些時候，我們對自己、他人和周圍世界的想法往往會偏向不切實際與負面。

所有人有時都會以有缺陷的方式思考。亞倫・貝克博士（Aaron Beck）描述了人們不準確思考的一些特點，他稱之為認知失調，而我喜歡把它叫做紅旗思維（red-flag thinking）。當你閱讀下面的例子時，請仔細地思考哪種欺騙性思維和自己最像。在日記中寫下任何自己感到認同的例子，因為我們很快地就將練習向錯誤思維挑戰。

否認。安娜・佛洛伊德在十九世紀末延續父親西格蒙德的工作後，首次深入探討了拒絕相信事實是人們在扭曲現實時最常使用的方式之一。例如由於你不想承認戀情已經結束，所以會想著：我們將會復合。他們會回到我身邊。可能把前任視為自己所希望變成的人，而不是他們實際的樣子。例如你會這樣想：我的前任是最棒的。他們的一切我都喜歡。當否認事實時，你對真實的狀況完全視而不見或者拒絕接受，變得完全不客觀。然而無論你再怎麼否認，都無法改變事情的真相。

合理化。當你為包含自己在內的某個人，表現出無法接受的行為製造理由或藉口時，就是在將它合理化。例如假設前任對你不忠，而你發現自己在為他們辯護，心裡想著：如果那個女孩不對他投懷送抱，我的前任就不會出軌。或者為自己有害的行為辯解：因為最近的日子實在糟透了，所以昨晚我喝了一瓶葡萄酒，這能幫助我冷靜下來。或者明明知道最好不要和前任聯絡，但仍然找藉口：昨晚我發了一封電子郵件給前任，因為他們需要知道我的感受。儘管人們藉由合理化某些事情讓感覺變好，但事實上沒有任何解釋能把無法接受的行為變得可以接受。

情感推理。你認為自己此刻的情緒準確地反映出當下的生活狀態，這樣的結論可能就是一種有問題的思維。對於某件事的感覺十分真實，所以這件事就是真實的。因為生活中發生了某件事，讓你出現強烈的情緒反應，看起來合理也合乎邏輯。例如當感到極度悲傷以至於幾乎無法下床時，可能出現這種想法：我好孤單，我再也找不到真愛了，所以注定要孤單一輩子。或者與前任發生最後一次爭吵後，可能會想：氣死我了！他們毀了我的生活！情感推理使你無法意識到情緒的反應，可能由發生在過去的某些問題所觸發，或者被不合理的方式扭曲。真相是當情緒反應變得極端時，它們更可能與過去未解決的問題，以及對當前情況做出錯誤解讀有關，而與當前的實際情況無關。

全有或全無思維。這種不理性的紅旗思維走極端路線，完全不考慮生活上的細微差異。如果發現自己說出「總是、絕不、全部、一個都沒有、對和錯」這樣的詞語，你可能正在用這種有缺陷的模式思考。有些人在分手後，滿腦子想的都是有關前任美好的那一面。你的想法可能是我的前任非常完美，如果能重新在一起，一切都會好起來。相反地，有人只會記住分手的不好部分，心裡想著我恨死了前任，他們真是個混蛋，需要為對我做出的行為付出代價！事實上生活是複雜的。很少有某件事或某個人不是全對就是全錯、不是黑就是白、除了好就是壞這樣的二分法。簡單地說，世界充滿了太多灰色區塊，無論你的前任、你們的關係，或者你自己也都是如此。

匆忙下結論。當你以為自己能夠像算命般預知未來，或可以在沒有足夠證據的情況下看透人心時，你正在使用有缺陷的思考方法，而可能得出錯誤的結論。經過一場悲慘的分手後，很多人會覺得自己未來的感情生活也會變得同樣慘澹。可能會想我再也遇不到像我前任那樣出色的人了。或者我的前任顯然從未愛過我。事實上沒有人能預知未來，你也無法完全理解別人經歷過什麼事。更不用說只有當你用慘澹的心態看待自己的生活，做出會傷害自己的選擇時，你的生活才會變得黯淡沒有希望。

個人化。當你在缺乏充分證據的情況下，認為別人的行為在某種程度上直接針對你，這就是一種個人化思維。例如許多愛情成癮者會想前任不打電話給我，顯然他們一點都不在乎我的現況。前任沒打電話給你或者不想重修舊好的原因實在太多太複雜了，這和他們是否在乎你很少有關係，例如他們很忙、他們覺得彼此不適合再在一起、他們已經愛上了別人，或者他們也在努力地走出分手的創傷！

這種不準確的思維對於正在經歷分手的人來說尤其棘手，因為某種程度上前任的選擇的確反映出他們是否想和你在一起。例如你可能覺得前任不夠愛我，所以我們的關係無法持續下去。這在某種程度上可能是真實的，但你的前任怎麼想並不能定義你值不值得被愛或被追求的程度。事實上在分手後，許多人對於自我的基本價值都受到了打擊，尤其當我們是被拋棄者，或是不想結束彼此關係的一方。在繼續前進的過程中，重建自尊心和自信心是非常重要的工作，而你從本書中已經學到的技巧正是為了幫助你這麼做。

誇大和貶低。當使用一種放大負面或貶低正面的極端態度評價自己或他人時，就是在進行這類型的缺陷思維。例如在感到脆弱的一瞬間聯繫前任之後，可能會誇大地往最壞的結果想，覺得我努力地想克制對他的感情，如今毀於一旦。或者當回顧自己的症狀時，可能會想這次分手是發生在我身上最糟糕的事情。在另一方面，你可能會發現自己輕視了為忘記前任所做的一切努力，因而說出這樣的話：我又何必自找麻煩地記錄自我監控日誌，反正我總是偷看前任在社交媒體上的貼文。這件事我也搞砸了。正確的做法是，應該要對自己為了克服前任所做的一切努力給予肯定。偶爾的失誤不會抹去已經做出的積極改變。

你的動機很重要、努力很重要。而且當你的感覺開始好轉時，別忘了要感謝自己。

標籤化。這種有缺陷的思維模式，導致你給某人貼上一個固定的標籤，狹隘地定義了他們。結果多半是負面的，看起來像在罵人。例如你可能稱自己為失敗者、成癮者、白痴或沒用的人。當然你也可能用它們來稱呼前任！但事實上我們整體的個性和身分極為複雜，無法用一個過於簡化的標籤所定義。

特殊性謬論。這種思維方式認為自己是人類生活規則和行為的例外。如果你認為自己非常特別或者受到某種保護，所以壞事不會發生在自己身上，就很有可能以這種方式思考。當經歷了一場意料之外的分手後，你可能會想前任怎麼能離開我！這種事不可能發生在我身上！事實上，幾乎任何事情都可能在任何時間發生在任何人身上，包括墜入情網和分手。

接受規範。當完全接受文化所訂定的規範和價值觀，且將它們內化為事實，不帶有批判性的思考自己是否認同這些價值觀時，你就接受了規範。每個人都是在具有特定價值觀的家庭、社會和文化環境中長大。假設你在一個重視婚姻的宗教家庭中長大，那麼經歷分手或離婚可能會讓你覺得我失敗了。離婚很糟糕，我活該要過悲慘的日子。或者如果你四十多歲了還保持單身，可能會想因為我沒有結婚，所以肯定哪裡有問題。事實上儘管文化的價值觀會影響該社會看待人的觀點，但最終只有你能決定生活中什麼事才重要，這可能與社會灌輸你該相信的內容產生直接衝突。

以上只是你的自動化思維可能存在的缺陷，以及讓症狀惡化的眾多方式之一。接下來我們要將注意力轉向來探討你的紅旗型前任上癮思維。

練習

辨識你的紅旗思維

到目前為止，你已經在自我監控日誌中記錄了這段時間的自動化思維。仔細查看已完成的內容，並且和剛才探討的缺陷思維類型比較。接著使用前任上癮的思維為例，建立一個「紅旗思維清單」。仔細檢查當你描述這些思維時的用字遣詞，找出較常使用的任何缺陷思維並記錄下來。例如是否拒絕承認現實？經常為不健康的行為找理由？常為自己或他人貼上標籤？輕視自己為康復所付出的努力，並誇大前任在你生活中的重要性？

現在你已經辨識出一些紅旗思維，是開始學習如何評估它們的準確性並提出挑戰的時候了。

評估你思維的準確性

為避免陷入前任上癮循環中，你一定希望能擁有客觀準確的洞察力，好面對生活中出現的各種狀況。就像破解謎團的好偵探一樣，只要你仔細地尋找每個想法的背後是否有支持或否定它的數據，就能透過檢測思維的準確性來實現這個目標。一旦發現自己的思維有虛假、誤導或缺陷的證據時，就該對它進行挑戰。我的意思並非要你一直保持積極的思考態度，畢竟分手是一種非常難熬的經歷。只是希望你的思維能以準確且自我激勵的方式反映你的情況。

當開始評估思維時，先問自己兩個基本問題。第一：我的思維是否準確？要回答這個問題，你需要尋找能支持自己的思維是正確或錯誤的證據。第二：我的思維是否有幫助？你需要確定這樣的思維會使症狀變得更好或者更糟。為了幫助你盡快掌握訣竅，我們先拿連恩的故事來練習。

臉上戴著充滿時尚感金屬鏡框的連恩是一位五十二歲的英俊男士。他在拉斯維加斯一間豪華大酒店的明亮會議室遇到了約瑟，當時他正走上舞台準備發表演說，面對無數觀眾仍表現得泰然自若的約瑟立刻吸引了連恩的目光。那天下午的中場休息時間連恩與約瑟的目光交錯，瞬間都明白彼此隱藏在心中的悸動。當晚兩人相約在約瑟的房間裡，接著就展開一段隱密的羅曼史。這段戀情持續了三年多。

約瑟是一個不想給予任何承諾的花花公子。為了擄獲約瑟全部的愛，這段關係對連恩來說是一場令人興奮又充滿誘惑的挑戰，同時也讓人感到心碎。隨著相處的時間越久，連恩感到更加不自在，因為他知道約瑟還有其他情人。並非沒有和他分手的念頭，但這種想法同樣令人無法忍受。最後連恩決定攤牌，他告訴約瑟除非能保持專情並公開兩人的關係，否則他不想再繼續交往下去。當連恩為這段感情設定界限時，約瑟結束了這段關係。儘管在理智上連恩知道分手是正確選擇，但他已經完全對約瑟上癮了。

為了克服愛情成癮，連恩檢查了他的自動化思維，好了解這些想法是否正確，以及如何影響自己的症狀。讓我們看一下他的日誌：

九月二十一日、星期天、上午十一點，第四十五天沒有聯繫。

情境：剩下不到一週的時間就要演講，我需要做好準備。
自動化思維：我無法停止想念約瑟；這次演講是一個觸發因素。我實在太想他了，不能沒有他。
症狀：感到非常悲傷。好想打電話給他，聽聽他的聲音。
痛苦程度：8。
自我照顧介入：我選擇克制渴望，並練習全然地接納我們已經結束的事實。
對症狀的影響：痛苦程度降至6。我知道我能度過這個難關。

看完了連恩的自動化思維後，先來問自己兩個問題：這種思維是否準確？這種思維是否有幫助？連恩一開始的想法：我無法停止想念約瑟；這次演講是一個觸發因素。我實在太想念他了，似乎誠實地反映出他的感受和渴望，而且意識到這次演講觸發了情緒反應，這一點也值得讚許。然而這些想法並沒有幫助，因為它們讓連恩更想念和渴望約瑟，症狀變得惡化。接下來我不能沒有他的想法舉起了紅旗；連恩對於未來倉促做下結論，同時誇大了約瑟對他生命的重要性！此外這兩個想法都沒有任何幫助。因此他的思維需要轉變。

現在來看連恩另一則日誌。我們同樣要透過詢問它是否準確和有幫助來評估連恩的思維。

九月二十六日、星期五、晚上十點，第五十天沒有聯繫。

情境：我獨自在家為明天的演講做準備。

自動化思維：也許作為他眾多情人中的一員也無妨。也許偶爾和他發生性關係比起什麼都不做能讓我開心一些。我永遠忘不了他。我將永遠單身。

症狀：我感到困惑和驚慌。並且對他不希望我成為他的丈夫感到生氣。

痛苦程度：9。

自我照顧介入：我要去洗個澡，順便進行反芻思考練習好宣洩一下情緒，然後練習思維停止，好讓我能專心地為明天的演講做好準備。

對症狀的影響：我的痛苦程度降至5。能夠再次專注於工作。

對於連恩首先出現的自動化思維：也許作為他眾多情人中的一員也無妨，也許偶爾和他發生性關係比起什麼都不做能讓我開心一些。我們還無法確認他是否真的這麼想。但是愛上一個不願承諾做到專情的人，而你希望他只愛你一人時，這種感覺絕對不會好，因此這種思維沒什麼幫助。之後的兩個想法：我永遠忘不了他，我將永遠單身，都出現了紅旗；反映出情感推理和匆忙下結論兩項紅旗思維，而且一點幫助都沒有。

練習

你的錯誤思維的代價

拿出日記，回顧一下你列出的紅旗思維清單。為了檢視錯誤思維要付出什麼代價，可以問自己兩個基本問題：這種思維是否準確？這種思維是否有幫助？我們已經知道紅旗思維都是不準確的，因此希望你對於第一個問題的答案都是否定的！考慮第二個問題時，先看看這些思維如何影響你的症狀。是否讓你想與前任聯繫？更渴望前任？感到更沮喪、焦慮、悲傷、生氣或萎靡不振？想要做出有害的行為？確定每個紅旗思維如何影響你，並把自己的觀察記錄在日誌的自我照顧介入中。

更清晰的思考

現在你已經識別出一些紅旗思維，並了解它們如何使症狀惡化，是時候來挑戰它們了。在認知行為治療的術語中，我們稱之為認知重建（cognitive restructuring）：將你的思維盡可能地轉變為準確和有幫助的過程。為了做到認知重建，我們要學會使用「3Ds」，也就是偵測（detect）、辯論（debate）和分辨（discriminate），這種方法最初由亞伯・艾里斯（Albert Ellis）博士開發。你已經偵測到或認識自己的紅旗思維。接下來要尋找證據，辯論每個想法的真偽。最後用最準確、能夠自我欣賞的方式重新改寫你的想法，好分辨真實和虛假。只要能做到這一點，就可以看到修改思維後對症狀的影響。希望你會發現自己被情緒激使的過度反應變少了，渴望感不再那麼強烈，並且不太可能做出有害的行為。

這需要許多練習，所以讓我們再拿連恩的思維作為範例。從他的日誌中可以偵測到三個非常不準確且完全沒有幫助的紅旗思維：我不能沒有他；我永遠忘不了他；我將永遠單身。藉由3Ds，連恩挑戰了他的第一個紅旗思維：

偵測：

我不能沒有他。

辯論：

證明這個想法是真實的——

自從分手以來，我一直在前任上癮的症狀中掙扎，所以沒有約瑟我就活不下去。

證明這個想法是虛假的——

沒有約瑟的日子已經過了五十天，而我仍然活著，所以沒有他我依然可以活。

在遇見約瑟之前我的生活十分充實，所以我曾經在沒有他的時候活得好好的。

也許我不希望生命中沒有他，但我能夠自己好好活著。

無論和任何人約會，我永遠擁有我自己。唯獨我才是真正無法失去的人。

分辨（根據自己收集到的證據去創建更準確且有幫助的思維）：

我深愛著約瑟，非常想念他，自從分手以來一直感到痛苦掙扎。但是過去我能在沒有他的情況下活著，現在也能沒有他而活。無論最後有沒有他，我都有責任為自己創造一個有意義的生活，而我正在積極地努力實現這一目標。

你可以發現，一旦連恩認真地思索能支持自己想法為真的證據，就會發現準確的數據很少。相反地，很多證據都表明他的思維是錯誤的！一旦看到這些數據，連恩創建了一個更準確且有幫助的觀點，挑戰了這些紅旗思維。隨著不斷地練習修改思維，他的症狀逐漸減輕，感覺自己變得更踏實和有自信。

讓我們用連恩的第二個想法再來練習 3Ds：

偵測：

我永遠忘不了他。

辯論：

證明這個想法是真實的——

我到現在還忘不了他。

證明這個想法是虛假的——

如果繼續練習所學到的技巧，我能夠忘了他。

從前我不僅曾經歷過分手，也從中走了出來。

如果把注意力放在自己身上，努力創造一個沒有他的生活，假以時日我的感覺一定會越變越好。

分辨：

此刻的我還忘不了約瑟。但研究指出如果使用認知行為治療的技巧來阻斷症狀，我可以忘記他。所以只要繼續練習這些技巧，我將可以慢慢忘記他。

從以上案例中可以看出，連恩發現他把投射在未來的想法誤解為一個事實，卻找不到任何支持這種思維的證據。隨著挑戰這樣的紅旗思維，他對自己的感受變得更好，對於未來也感到更有希望。

再來看連恩的最後一個思維：

偵測：

我將永遠單身。

辯論：

證明這個想法是真實的——

我現在是單身。

證明這個想法是虛假的——

在遇到約瑟之前我和很多人交往過。等我準備好的時候可以再次約會。

是否與人交往是一種選擇，我不需要永遠單身。

我遇到了約瑟，被他吸引，所以未來也可能會遇到另一個我覺得有吸引力的人。

分辨：

我現在是單身，但在遇到約瑟之前，我曾經和許多喜歡的人約會。當再次準備好時，我可以選擇約會並尋找另一個伴侶。我不必永遠單身。

藉由使用3Ds來建構更準確和有幫助的思維後，連恩的症狀明顯減輕。他仍然感到悲傷，希望能與約瑟在一起，但他的觀點開始朝著真誠、積極、提升自我價值的方向轉變。

練習

挑戰紅旗思維

就像連恩一樣，我們也要使用3Ds來評估和挑戰你的紅旗思維。你可以在自我監控日誌中完成這個練習，或者下載我使用的「挑戰你的前任上癮思維工作表」，該工作表可在這本書的網站上找到：http://www.newharbinger.com/50379。

對於你識別出的每一個紅旗思維，按照以下步驟使它們變得更準確和有幫助：

- **偵測：**確定你想轉變的一個自動紅旗思維。
- **辯論：**思考出能夠支持這些思維的證據（表明它是真實的跡象），以及反駁它的證據（表明它是虛假或者受到某種程度扭曲的跡象），再藉此判斷它是否準確。（很有可能你會發現虛假的跡象多於真實的！）
- **分辨：**在將真實和虛假區分開來後，重新以真實、自我肯定的方式改寫你的思維。

做了以上練習，觀察改變思考方式對症狀的影響，你的感受有沒有變得更好？對前任的渴望感不再那麼強烈？感覺更踏實，不再容易受到刺激而衝動行事？把自己症狀和感受的轉變都記錄下來，並且比較在當下以及隔了一段時間後的感受是否不同。一旦意識到自己用錯誤或沒有幫助的方式思考時，馬上進行3Ds練習。在日誌中記錄你為自我照顧介入做的努力。

繼續前進

學習評估和改變思維對於停止前任上癮循環並減輕症狀可說十分重要。藉由改變自動化思維，自然而然就會逐漸形成一種更準確且重視自我價值的生活態度。請記住，挑戰紅旗思維的目的並不是要你用積極的態度克服分手帶來的傷痛；你正經歷一段煎熬的日子，能夠承認這一點很健康。相反地，其目的是讓你的思維盡可能準確和有幫助，這麼一來因為分手而使你經歷的任何負面情緒都是最真實且正確的反應，沒有人希望白白浪費精力在根本不真實的想法上而讓自己感覺糟糕！

下一章我們將努力解決一些更為頑固的紅旗思維。有時候即使理性地意識到自己的思維不真實也沒有幫助，但是在某種程度上仍然感覺它很真實。為了改變那些更棘手的紅旗思維，我們需要深入挖掘一些關於你對於前任的根深柢固信念，正是這些信念促使你產生錯誤思維。

第五章

看清前任的真實面目

距離上次見到前任已經過了一年。在那個下著雨的週六晚上，發生了一件讓我的情緒跌入谷底而永生難忘的事情。當時前女友來找我，我們試圖成為朋友，但那根本是一場災難。因為我們不是朋友，只是試圖「像朋友一樣」的前戀人。當時我以為可以挽回她。那麼做的時候，她明確表示這段感情已經結束，之後轉身離開。我開始感到恐慌，思緒一團混亂，張大了口拚命吸氣，彷彿就快窒息，又急迫地想把她追回來。我的想法大錯特錯，事實上她一點都不想和我復合，所以我無法挽回她。承認這一點真的很痛苦，但若是不能看清真相，我無法繼續前進。

我曾以為永遠不會找到愛情，直到遇見了前任。某天我趕著去接女兒放學，而他就在那裡，在草坪上和他的孩子一起踢足球。我記得當時就想找一個像他那樣的伴侶。我們約會了幾年，即使分手後我仍然相信他是我唯一的真命天子。直到有一天才意識到，在我的想像中和現實中的他完全是不同的人。

♥距離上次和前任對話已經快七個月了。昨晚我們度過了分手以來的第一次約會。在一間新開幕的小巧餐廳的角落裡，我們面對面而坐，看起來似乎是個完美的夜晚。他很迷人和友善。事實上他非常出色！我滿腦子想的都是他仍是我的伴侶，再也找不到比他更好的人了。

在與前任相處時的某個時刻，可能曾認為他們是你最完美的另一半。如同上述故事中的前任上癮者一樣，你可能相信自己找到了靈魂伴侶、一輩子的夥伴或最好的朋友。可能認為會永遠在一起。因為相愛得如此深刻，你們的關係肯定至死不渝。不幸的是人們的思維通常帶有很大的缺陷和不準確，我想你現在應該已經能看清楚這一點。透過從自我監控日誌中收集到的數據，你越來越能意識到自己有缺陷的紅旗思維，並能夠使用3Ds法則：偵測思維、辯論其準確性以及分辨其中真實和虛假。現在的你和過去相比，更能誠實地看待分手。

進行使思維更加準確和有幫助的練習時，你可能會注意到某些想法相對容易改變：發現一個紅旗思維，查看證據後迅速修正它。而且希望這麼做之後你發現自己的感覺變得更好，因為它改變了前任上癮循環，你的症狀隨著觀點改變而轉變！然而你可能也注意到有些紅旗思維特別固執。當查看證據時，即使理性上明明知道它們是虛假的，但感覺上仍是真實的。例如當你發現心中出現類似沒有前任我就活不下去的念頭時，可能理性地知道這不是真實的。過去沒有前任的日子裡你活了下來；現在沒有他們，你的日子一樣在過；沒有他們的未來，你當然也可以生活！但這種感覺可能仍然十分真實，讓你很難從中走出來。

這些頑固的紅旗思維通常難以改變，因為它們源自你對前任和愛情關係中，一些更深層、更基本的信念。在自動化思維下，形成了一些難以改變，關於你自己和其他人的刻板結論，它被稱為基模（schemas）或核心信念。這些信念存在於你的意識之外，但它們非常強大，足以影響你對生活的感知。如果把思維想像成一座漂浮在海上的冰山：你的核心信念是隱藏在水面下的巨大基座，它支撐著水面上可看見的紅旗思維小冰山。要改變最頑固的紅旗思維，你必須揭開那些支持你對於前任以及分手事件，存在於腦海中更深層、更基本的信念。我們接下來就要深入了解你的核心信念。

關於前任的錯誤信念

你已經充分了解墜入情網是生命中最令人陶醉的自然體驗之一，與一個特別的人建立情感、性愛和身體上的連結，你幾乎把所有的能量都投注在他身上。通常在蜜月期，也就是開始約會的最初幾個月最令人神魂顛倒。部分原因是你完全沉浸在一種新的體驗中，無論心靈、身體和大腦都感到美妙極了！不過也正是在這種時候最容易接受和愛人有關的錯誤及理想化信念，使你更渴望他們。

我的意思是在戀愛的初期，你並非真正了解你的愛人。只知道一些他們願意和你分享，經過挑選後的訊息。並透過觀察他們的行為、飲食、言談，甚至是穿著，對他們做出了一些結論。事實上在一段關係的早期，你通常對約會對象的所知甚少。然而當你喜歡或被某人吸引時，傾向於把你希望他們擁有的特徵用於填補未知的部分，就好像他們符合了你心中理想伴侶的所有特徵一樣，而不是看到他們真實的那一面。這就是為何在戀愛時，你所相信的事情大部分都過於正面、極端理想化且相當不準確的原因！

對於前任你可能已經做出許多錯誤的結論，這些結論驅動著你產生更頑固的紅旗思維，使你陷入前任上癮循環中。我從大多數飽受愛情成癮之苦的人身上發現許多錯誤信念，當你閱讀這些錯誤信念時，仔細想一想有哪些和你的經歷相似。請記住你不見得真的認為這些信念是真實的，但是它們經常在暗地裡運作，即使實際上並不真實，卻能使你的紅旗思維感覺十分真實！

錯誤信念一：我的前任最棒。墜入愛河時，你可能認為你的前任棒極了。甚至可能是你遇過最好的人。墜入愛河的一部分神奇體驗就是認為某人非常特別。很難想像會愛上一個你認為很普通或低於平均水準的人！理所當然你會將前任置於高台之上，認為他們出類拔萃、非常重要而且比曾經交往過的對象更優秀。覺得他們如此迷人、有趣而難以抗拒，如此一來你便高估了前任在這個世界的重要性。因為用非常正面的態度看待前任，即使在一起時他們做過什麼惱人行為也不算糟糕。相信他們是最棒的不僅使你更愛他們，而且因為和如此不可思議的人產生關聯，也會讓你對自我感覺更好。這種核心信念驅動著固執的紅旗思維，比如沒有人能比我的前任好，以及再也沒有人能像他們一樣帶給我這樣的感覺。

事實上你的前任只不過是個凡人，和所有人一樣充滿缺點。他們可能在某方面表現得特別美好且與眾不同，但將他們看得比包括你在內的任何人都重要，只會讓你在分手後感覺自己不再有吸引力，因為這個理想化的人不再與你有所關聯。此外，對於前任過於正面的看法會讓他們對你的生活造成太多影響，什麼事都渴望得到他們的認可。例如當再次約會時，可能成為新伴侶的候選人根本沒有機會給你留下深刻印象，因為在你心中已經做出沒有任何人能比得上前任的結論！繼續認為他們是最棒的對你沒有好處；這既不真實也沒有幫助。

錯誤信念二：我的前任很完美，對我來說很完美。在你們關係的某個時候，可能覺得前任是個完美伴侶，甚至可能是完美的人！戀愛初期人們傾向在心中建造出愛人的幻想版本。也許你把前任視為救世主、受尊敬的專業人士、高級知識分子、好榜樣，或者和自己一樣都是熱愛寵物的人。你看到和相信的某些東西是真實的；你的前任可能的確是你一直想要的那個運動健將或浪漫旅行者。但無論在你眼中看到了什麼，可能都只是符合你心中完美對象的模型，並沒有準確捕捉到前任在現實中的實際樣貌。這種核心信念助長了固執的紅旗思維，例如前任是我唯一真愛；雖然他表現得像個混蛋，但這並非他真實的樣子，他內心是十分美好的。

事實上你的前任並不完美，沒有人是完美的。再說你們已經分手，至少今天的前任對你來說也不完美。回顧之前的關係時，你可能將注意力集中在喜歡前任的那部分，而選擇性地忽略他們許多不太理想的地方。明明看到對方的缺陷，卻可能忽略它，甚至還覺得它很迷人。比如說喜歡扳動手指關節發出喀啦聲響、吃東西很大聲、做完三明治後把廚房水糟弄得一團糟，或者開完你的車卻從不把油箱加滿。如果其他人做出這類行為可能讓你感到厭惡，但是前任這麼做卻有些可愛。甚至當他們對你不好時，還可能會為他們找藉口，以避免你心中的完美形象受到破壞。如果當你回想起兩人先前的關係時，仍然想不起來為什麼分手或者對方的任何缺點，那麼可能你仍然抱持著這種錯誤信念。

錯誤信念三：前任的選擇反映了我的價值。墜入愛河時，和伴侶發展出一種共同體的身分好代表你們是一個團隊，這是很常見的行為。對於關係良好，與某人一起建立共同生活時，這樣的過程十分健康。藉由改變生活風格好反映出你是什麼人、你的伴侶是什麼人，以及作為一對伴侶的運作方式。問題在於你可能錯誤地開始將伴侶的感受、思想和行為當作自己以及自我價值的一種反映。你可能對前任的選擇、意見和行為變得過於敏感和反應過度，因為即使與你無關，但你會覺得他們做的一切都像是針對你的一種攻擊。如果前任不再想和你在一起，你可能會將這個決定視為針對你個人，一定是自己有某些缺點而導致分手。即使不忠於自己，也想藉由改變自己使得他們再次想要你。例如為了贏得他們的好感，你就和前任不喜歡的朋友斷絕往來；改變自己在社交場合的穿著或行為模式；或者在性方面做一些對你來說不舒服的事情。這種核心信念助長了固執的紅旗思維，像是沒有前任我便一無是處；如果前任不愛我，我是不值得被愛。

有時很難避免掉入這樣的陷阱，特別是處於愛情成癮的分手期間。在文化上，兩人墜入愛河後成為一體的觀念受到社會強化，助長了沒有另一半你就不完整的錯誤信念。事實上前任的行為、感受和想法基本上反映出他們自己，完全不能代表你是誰。你和前任各自獨立，有自己獨特的身分、感受、思想和經歷。更重要的是無論前任是否愛你、喜不喜歡你、覺得你很棒或者不想和你再有任何關係，你的價值還是一樣的。你的價值由你決定，它並不取決於你的前任，從不曾由他們而定。

錯誤信念四：我的前任會改變，或者我可以改變他們！如果你知道自己真的不喜歡前任的某些事，那麼很有可能你有一種他們會改變的基本信念。或者另一種更好的想法，你可以改變他們！即使到了現在你可能仍然相信可以讓他們做出改變，重新愛上你、更需要你、戒酒、更加親暱、對你訴說他們喜歡你所有的一切、更浪漫，或者更願意表達心中的情感。這種信念還會讓你錯誤地認為重新在一起對大家都有好處！從這種信念中浮現的頑固紅旗思維包括我的前任會回到我身邊，我可以讓他們再次需要我；他們只是需要時間來改變；他們一定會改變。

事實上你不能強迫任何人改變。人們只有在他們積極地需要、做出選擇和甘願付出每天所需的努力來實現改變時才會改變。你的前任可能會改變，甚至有可能某一天你們會重新在一起，彼此建立一種健康的關係。但如果發生這些事情，一定是因為前任選擇了改變，你選擇了改變，並且兩人刻意地努力使關係變得更加正常，絕不是因為你改變了前任。

錯誤信念五：和前任吵架代表他們還愛我。和穩定的關係相比，許多前任上癮者對於起伏多變的混亂關係感到更為舒適。這是成癮性之所以發展出的部分過程；你的大腦對於新刺激產生更興奮的反應，而不是那些老舊、能夠預測的刺激。換句話說，當處於緊張狀態、從事新活動，或處於一種不太安全的關係時，你的身體會得到更大刺激。因此儘管意識上你不喜歡爭吵或發生衝突，然而和前任的關係越是不穩定、不可預測和混亂，你就越容易受困於對方。

事實上與前任發生戲劇性的互動絕對不代表安全、牢固的愛。從這種信念中產生持續性的紅旗思維包括如果我們沒有那麼愛對方，就不會像這樣吵架，以及我的前任就是因為太愛我，所以才會做出那樣的行為。每當與前任發生戲劇性的行為，爭吵、衝突，甚至某種程度的虐待，而你得到的結論是因為你們深愛彼此，你可能已經掉入這種核心信念的圈套中。

錯誤信念六：我需要我的前任才能完整。墜入情網後又分手，有一陣子可能會感到迷失。生活中的一切可能變得枯燥乏味，缺乏意義，讓你相信需要前任才能感到幸福和完整。

這種錯誤的信念助長了紅旗思維，像是如果我仍然和前任在一起，一切都會好起來，以及我需要前任才能感到快樂。

真相是過著充實的生活並不需要前任。事實上如果你連和自己的相處關係都不穩定且沒有安全感，那麼將很難與任何人建立一段健康的關係。當你抱持著這種錯誤信念，認為自己的幸福和價值需要依賴別人，這會讓你陷入失敗的處境。每當尋求外在的事物想感受完整或得到療癒，就會失去自己的力量。任何暗示你需要前任才能完整和滿足的紅旗思維都是在這種錯誤信念助長下形成。

錯誤信念七：如果前任夠愛我，我們就能維持良好關係。大多數人都希望相信愛情的力量能戰勝一切，讓彼此的關係長久。激情能為一段關係打下成功的基礎。假如前任足夠愛你，他們就不會離開你。受到愛情的啟發，他們會努力表現出自己最好的一面。因為不能沒有你，他們會找到一種能和你復合的方法。這種錯誤的信念推動紅旗思維，讓人覺得如果前任夠愛我，他們就不會離開，以及只要我們彼此相愛，我們就能重新在一起。

事實上光憑藉著愛並不能建立一段健康的關係。對許多人來說，愛是一段戀愛關係中的必要條件，你希望對約會對象充滿激情，但是維持一段健康關係所需要的遠不只如此。在某些狀況下愛甚至不是必要的：許多被安排的婚姻是基於雙方擁有相似價值觀，並不是靠著愛來聯繫，經由這種關係而結合的伴侶，有不少人與對方保持著滿意且成功的戀愛關係！因此當心中出現如果前任夠愛你，你們的關係就能良好運作的紅旗思維時，你正在用這種錯誤信念思考。

在和前任的關係中，你是否也犯了幾種上述的錯誤信念？是否把前任視為理想對象？認為他們是唯一完美的伴侶？認為他們對你的看法在某種程度上反映了你的實際價值？相信他們會改變？現在讓我們辨認一些你對前任的具體錯誤信念。

練習

有關前任的錯誤信念

根據上面的例子，把一些你對前任的錯誤信念寫在日記中。並且試著藉由敘述事發過程以及你對它們的觀察，來突顯這些錯誤信念造成什麼結果以及對你的影響。請花些時間深入審視自己的信念。你可能不自覺地相信它們是真實的，還記得稍早冰山的比喻嗎？因為這些有問題的信念潛藏在表面下運作，而它們推動著你最頑固的紅旗思維，因此需要意識到它們才能改變。將自己的練習記錄在日誌中的自我照顧介入欄位裡。

現在你對與前任有關的錯誤信念已經更加清楚，我們將要把它們和你的紅旗思維直接連接起來。這可能有些棘手，所以我們會一起練習。

將紅旗思維與錯誤信念相連接

相較於改變紅旗型自動化思維，意識自己對前任產生的錯誤信念並且改變它們要更加困難，主要原因有兩個：首先因為核心信念是所有想法的根基，所以通常你不太容易發現它們。就像是潛藏在水下的冰山，這些信念不太可能直接出現在你的自我監控日誌中；想找出它們，你必須查看最頑固的紅旗思維，並思考驅動它們的因素是什麼。其次是你能夠根據自己對當前真實生活所做的反應來評估自動化思維，然而核心信念卻是在整個生命中逐漸發展形成的。因此改變對前任的錯誤信念實際上涉及轉變你最深層的早期童年學習，這是一項更具挑戰性和複雜性的任務，我們將在接下來的章節中探討。

基於核心信念比自動化思維更難轉變，加上你對紅旗思維越來越了解，所以想消滅它們的最佳方法是將最頑固的紅旗思維與對前任所做的錯誤結論直接聯繫起來，以便我們可以同時挑戰它們。這需要一些練習，因此讓我們先以艾綺拉的故事為例，同時說明如何向它挑戰。

艾綺拉參加鄰居所舉辦的年節派對，一到會場她就注意到麥克。吸引她目光的並非他那像大男孩般的笑容或一頭長髮，而是雖然身上穿了一件有著許多閃爍燈泡和馴鹿圖樣的醜陋毛衣，卻絲毫沒有不好意思的神情。兩人互看了幾眼後，麥克向她自我介紹，接著就展開調情攻勢。幾週內艾綺拉已經對麥克感到意亂情迷。她喜愛麥克的機智、幽默感、自信心和野心。兩人在一起時的生活變得更有趣；他們都喜歡吃壽司，去喜劇俱樂部和看科幻電影，而且性生活更是美好得讓人難以置信。但是他們也有很大的不同。外向的麥克參加了一些男女混雜的運動隊伍，經常在許多場練習後的夜晚到酒吧狂歡。艾綺拉是一個內向的人，一本好書和一杯洋甘菊茶就可以讓她在沙發上耗一整天。而且他們在文化背景上也存在差異，對性別角色有著不同的看法。然而這些不同點卻使兩人的關係更加有趣，他們開玩笑地形容是「瘋狂派對男孩」在與「認真的亞洲女孩」約會。

幾個月之後他們如蜜月般的戀愛關係開始被現實的生活沖淡。麥克在練習結束後經常醉醺醺地來到艾綺拉的家，這讓她越來越擔心。偶然還會聽到麥克向朋友談論球隊新來的辣妹，更讓她對麥克與其他女性的互動感到不安。兩人經常因為這類事情爭吵，讓艾綺拉覺得壓力很大，但又非常享受和好後的性愛。然而艾綺拉的行為轉變顯示出她感到越來越不自在。她開始穿著更具挑逗性的衣服去看麥克的比賽，有時甚至在練習後和他一起去酒吧，即使這麼做會錯過自己最喜歡的瑜伽課。儘管遇到各種困難，艾綺拉仍然相信命中注定要和麥克在一起，她把彼此的衝突視為正常，因為「所有伴侶都有各自的問題」。

差不多在一起九個月後，麥克對艾綺拉說他不想再和她在一起了，因為她變了，變得非常黏人，而且「不接受他的本來面目」。艾綺拉無法相信麥克居然能如此輕鬆地提出分手，還說希望未來他們能繼續當朋友。很快地艾綺拉就發現自己陷入了前任上癮循環中。分手這件事對她的情緒造成極大的打擊，對麥克的思念之苦讓她迫切地希望能重新在一起。

查看她的自我監控日誌後發現，艾綺拉最頑固的自動化思維包括：沒有麥克我就一無所有；他從不曾愛過我，如果他真的愛我，就不會這樣離開我；如果他不要我，就沒有人會要我了。希望你能輕易地看出上述都是紅旗思維；沒有一個是準確或有幫助的。然而儘管艾綺拉理性上知道她的思維是錯誤的，卻仍然感覺這些陳述十分真實。我們懷疑這些思維是由一些錯誤的核心信念所推動，經由深入挖掘，發現艾綺拉相信麥克是她的完美對象，而且過度將他理想化了。為了維持對他的這些信念，經常忽視她不喜歡的事情，包括麥克喝酒的行為以及對其他女性的評論。當兩人因為這些問題爭吵時，艾綺拉告訴自己他會改變，並將這種壓力解讀為彼此深愛對方的反應。在某些更深的層面上，她甚至還認為自己需要麥克才能感到快樂，如果沒有他，她就是一個沒什麼價值的人。

當開始理解自己的模式時，艾綺拉練習將她的紅旗思維與支持它們的錯誤核心信念聯繫起來：

固執的紅旗思維：沒有麥克我就一無所有。

推動這種思維的錯誤信念：這種想法源自我認為麥克是最好的。我高估了他以及他對我的看法，好像他能定義我的價值，我需要他才能夠變得完美、沒有缺憾和快樂。

固執的紅旗思維：他從不曾愛過我，如果他真的愛我，就不會這樣離開我。

推動這種思維的錯誤信念：這種錯誤的信念源自認為愛足以讓一段關係變得成功。我還錯誤地認為他之所以選擇分手是針對我個人，是為了刪除我們過去的感情，殊不知這只是反映出他是誰以及他現在想要什麼。

固執的紅旗思維：如果他不要我，就沒有人會要我了。

推動這種思維的錯誤信念：因為我認為麥克對我的看法決定了我是誰，這種錯誤的信念造成如果麥克不要我，我就失去了價值，或者再也不可能遇到其他喜歡我的伴侶。

固執的紅旗思維：爭吵反映出我們深愛對方。

推動這種思維的錯誤信念：這源自我認為爭吵時情緒的起伏變動都代表著愛。

當看完艾綺拉的思維模式後，希望你也能看出她對麥克的錯誤信念如何支持和助長了固執的紅旗思維。儘管艾綺拉並沒有發現自己正在做什麼以及為何那麼做，但是她心中的不安全感卻與日俱增：開始穿著更具挑逗性的衣服好引起他的注意，並放棄了瑜伽這類自己喜歡的活動。當艾綺拉學會識別對麥克的錯誤信念，看到它們對自己的思維、行為和情緒的影響時，不僅在當下更容易向那些紅旗思維挑戰，而且隨著時間過去，對於麥克的信念也變得更加準確和有幫助。

只要能清楚地認識你抱持著怎樣的錯誤信念看待前任，轉變信念就有可能改變分手對你心路歷程的影響。逐漸化解心中關於前任的虛假幻想，幫助你放下傷痛並繼續前行。

練習

將紅旗思維與錯誤信念相連接

就和艾綺拉所做的一樣，你也要試著將紅旗思維與相對應的錯誤信念連接起來。首先在自我監控日誌中寫下你最固執的紅旗思維。接下試著找出任何助長它們，有關前任的錯誤核心信念。舉例來說，如果你的紅旗思維是：我永遠找不到像前任一樣出色的人，這可能來自一種你的前任是最好的核心信念。如果你的紅旗思維是：失去前任我就活不下去，這種錯誤的核心信念可能是你需要前任才能讓自己感到完整，而他們定義了你的價值。檢查所有的清單，盡可能把所有頑固紅旗思維與相對應的錯誤核心信念連接起來。在日誌中將這種自我照顧介入的練習記錄下來。

當查看你對前任的錯誤核心信念時，希望能真的開始看到你對他們的思維是有缺陷的。這麼做對你的康復之旅非常重要。與此同時你可能也想知道：關於自己的前任和彼此曾經的關係，真相究竟是什麼？儘管答案將因人而異，但我想提醒一些關於你以及你們分手的基本真相，這將有助於你建立一個更加有益於自己、真誠宏觀的前進動力。擁抱這些信念也將幫助你重建自尊，使你更容易放下前任並繼續前進。

擁抱分手的真相

在涉及對前任和這次分手的錯誤信念時，你的最終目標是用關於人性的準確真相來替換這些信念。我將用粗體字來代表這些真相，因為它們是有關人類的基本事實與原則，因此對包含你我在內的所有人類都是真實的！所以盡可能地提醒自己以下內容：

- **無論和前任在一起或獨自一人，你的價值都不會改變。**
- **你的前任並不完美，至少今天不是你的完美人選。**
- **你的前任以及他們對你的看法不能決定你的價值或吸引力，而且從來不曾決定過。**
- **你無法控制前任；你不能讓他們愛你或想要你。**
- **你不能改變前任；只有他們可以選擇是否這樣做。**
- **你和前任都是獨立個體，有自己的成長背景、身分、目標和經歷，絕非需要他們才能存活。**

．你不需要和前任在一起也能擁有充實的現在或未來。

．透過做出不同的選擇，你有能力改變自己的生活。

每當你對於前任或分手產生不準確和沒有幫助的信念時，例如你需要前任才能變得完整，他們對你來說是完美的，愛足以讓你們的關係運作等，用上述的真相來替換它們。

使用3Ds方法來對付錯誤信念是一個很好的開始。就像之前處理自動化思維的做法一樣，用偵測的方法一一核對稍早列在清單上的錯誤信念；接著進行辯論，尋找它們是真實還是虛假的證據；最後分辨真實和不真實的內容，並用上述真相來替換它們，好讓自己的思維更加健康和準確。看看你的症狀是否有所改善。

讓我們先用艾綺拉對麥克的錯誤信念來說明整個過程。你應該還記得艾綺拉認為麥克是最棒的，是她的完美伴侶，讓她變得完整。她還相信愛情的力量足以維繫一段關係，而他們的爭吵反映出他有多愛她。當艾綺拉將3Ds方法應用於她的錯誤信念時，情況如下：

偵測錯誤的信念：

麥克是最棒的他是我唯一的男人。生活一定要有他的存在才會完整和滿足。愛就足以使一段關係運作。爭吵反映出我們有多愛對方。

辯論錯誤的信念：

證明這個想法是真實的——

麥克是到目前為止唯一讓我有這種感覺的人，這是一種可能再也找不到的特殊連結。

證明這個想法是虛假的——

麥克只是一個普通人，和所有人一樣有缺點。他並不完美。沒有人是完美的。

考慮到我們分手了，麥克對我來說並不完美。

無論我獨自一人或和麥克交往，我都有同樣的價值。

麥克是否想和我在一起，與我有沒有吸引力無關。

我不需要麥克也能感到完整。我可能會想念他、想要他，但我一個人也能過得很好。

我曾經與其他真的很喜歡我的人約會過，所以未來可能還有其他男人會想要我。

光靠著愛並不足以使我們的關係運作。

激情並不等同於愛。

無論發生什麼事我都和自己在一起。我獨自一人已足夠。

分辨（建立更準確和有益的信念）：

儘管這次分手對我來說非常難以接受，但我不需要麥克讓我變得完整和康復。我們的關係對他來說並不合適，所以可明顯看出麥克對我來說也不完美。爭吵所造成的混亂局面並不反映我們之間的愛；它反映出我們無法有效地溝通或意見分歧。我並非命中注定要不快樂地孤單一輩子。今天做出讓自己好好康復的決定，將能創造一個充實美滿的未來，我承諾會努力做到，因為我想要重新享受生活。

當艾綺拉用更健康的真相取代錯誤信念來看待自己和麥克，她的世界觀變得更真誠和有益。所以現在讓我們將這些真相融入到你的思維中。

練習

轉變你的錯誤信念

就像艾綺拉一樣，你也應該將3Ds運用在錯誤的信念上。剛開始將它們替換為更準確的真相可能有些困難，那是因為對前任的深層信念可能已對你產生實際的影響，但隨著不斷提醒自己這些真相，轉變對分手的看法將變得更容易。這些真相逐漸會成為你生活哲學的一部分，有朝一日一定會發現它們是真實的。把自己的努力記錄在日誌的自我照顧介入中。

繼續前進

當逐漸意識到你的思維和信念如何塑造了自身的經歷後，你可能會感到不可置信。對於前任和這次分手的看法，強烈地影響了前任上癮症狀的嚴重程度。一切努力的最終目的是走出分手，並且脫胎換骨地擁有一個更誠實、更重視自我的宏觀看法，讓你對前任、自己和這段經歷都深感珍惜。使用3Ds來處理紅旗思維和錯誤信念，有助於讓你接受和自己相關的更健康的基本真相，你有價值，值得被愛，並且有能力塑造對於生活的體驗。這些真相將幫助你痊癒。

想做到放下前任，你對他們抱持的信念十分重要，以至於我們需要從最深層的核心信念開始探索。雖然聽起來有些奇怪，但是有關愛的基本核心信念打從你的孩提時代就開始形成。在下一章中，我們將探討這些信念如何影響成年後的你在愛情成癮中掙扎。

第六章

童年時期有害的愛情學習

距離上一次和前任交談已經過了三年。在復原的過程中，我的症狀逐漸改善，但有時候我總覺得自己哪裡出了問題：我似乎無法擁有健康的人際關係。每當遇到喜歡的人，我會開始過度分析每一件事，對於他們說的或做的任何事都變得特別敏感。然後開始更加思念前任。我為什麼會這樣？真不明白為何對我來說建立人際關係如此艱難。

打從還是個孩子的時候，我就開始編織自己婚禮的夢想。它將在一個花香四溢，開滿粉紅色、黃色和橘色花朵的戶外花園舉行。我那完美的伴侶將在一個覆蓋綠葉的祭壇前靜靜等待。我們將是彼此生命中的唯一與全部。有了他在身邊，我的生活將井然有序而且幸福快樂。我認為我的前任就是那個人。我愛上了他，然而他卻沒有。這和我的夢想並不相同。也許夢想只是痴心妄想吧。

當看著日誌中的內容時，明顯發現我變得憤世嫉俗。我認為每個人都很自私而且令人失望。難道與自己相愛的人建立真實又可靠的關係真的有可能發生？即使真的有這種關係，我也從不曾見過。我想我真的不知道健康的戀愛關係到底是什麼樣子。

大多數人都會認為前任上癮症狀僅僅反映出當前的感情狀況，你遇到前任那個人，談起戀愛，分手了，接著進入分手的悲慘狀態。然而正如上述故事暗示的，在遇到前任之前你對愛情關係訂出的結論，有很大程度影響了你對這次分手的反應。打從出生那一刻起，當睜開雙眼、端詳四周並開始學習時，你對自己、其他人以及整個周遭世界做出的結論，無意識中已經左右了你如何看待生活。這些在幼兒時期形成的基本核心信念深刻地影響著你對前任的思考、感覺和行為，無論是在過去你們交往時或分手後的現在。如果不做出改變，它們不僅讓你一直受困於前任，而且還有可能讓你在未來的新戀情中再次發生前任上癮。

源自幼兒時期學習到對愛的核心信念可能最難以察覺、評估和改變。如果把對前任的錯誤信念和紅旗思維比喻為漂浮在海上的冰山，那麼兒時養成的核心信念就是海洋。它們對你的成癮症狀可能產生最大影響，因為在成年後對於體驗戀愛關係的看法，全都是從它們的觀點出發。要放下前任，並且在發展新戀情時避免再度上癮，你必須揭示那些滋養了你對愛情成癮的信念。

和愛相關核心信念的發展

大多數人認為愛是關心他人時的深情表現。它反映了對他們的情感、傾慕和對其幸福的關切。然而實際上愛遠不只是一種感覺；愛是一種需求，一種驅動，它是與另一個人建立情感關懷、承諾和奉獻的深刻體驗，幫助人類這個物種生存下來。當論及這些方面時，愛並不是特別理性。愛深植於人類存在的本質中。你可以告訴我最喜歡某人的哪些特質，但言語永遠無法完全掌握或解釋你的感受。你也可能非常討厭某人，卻又同時深愛著他；我們對愛的渴望遠超過理性思維能理解的範疇。

為了真正理解我們有多麼需要愛，想像一下人類嬰兒。當我們出生時，無法滿足自己的基本需求。必須依賴他人來餵養我們、清潔我們、擁抱我們，避免我們受到傷害。基本上我們需要得到別人的愛。沒有這樣的愛，我們無法成長甚至無法存活。也正是這樣的愛促使大多數父母照顧他們的孩子。愛也是激勵我們與他人建立連結的動力，許多人願意為他們最愛的人犧牲生命，有些人甚至會為愛殺人，這都顯示出這種人類的基本動機有多麼強大。

鑑於我們對愛的深刻需求，你在童年時期感受到被愛的程度，包含了是否覺得安全、受重視、被照顧、被理解和被接納等方面，極大地影響你在一段關係中對自己和他人的核心信念。你出生的家庭、國家、文化和時代背景，都是你成長和發展過程中的基礎環境。就像一塊海綿，你吸收了所有看到的一切並開始學習。透過模仿其他人的行為、例如從你的父母、手足和朋友的行為學到了東西。無論是對你的行為表示贊同還是討厭，藉由觀察人們對你做出的反應而從中學習。透過觀察自己文化背景下認定的好人或壞人等特徵而學習。生活周遭的一切都成為學習的機制：人們的行為和穿著打扮、吃什麼東西、說話的方式、彼此之間如何相處，以及他們從戀愛關係中期盼得到什麼。

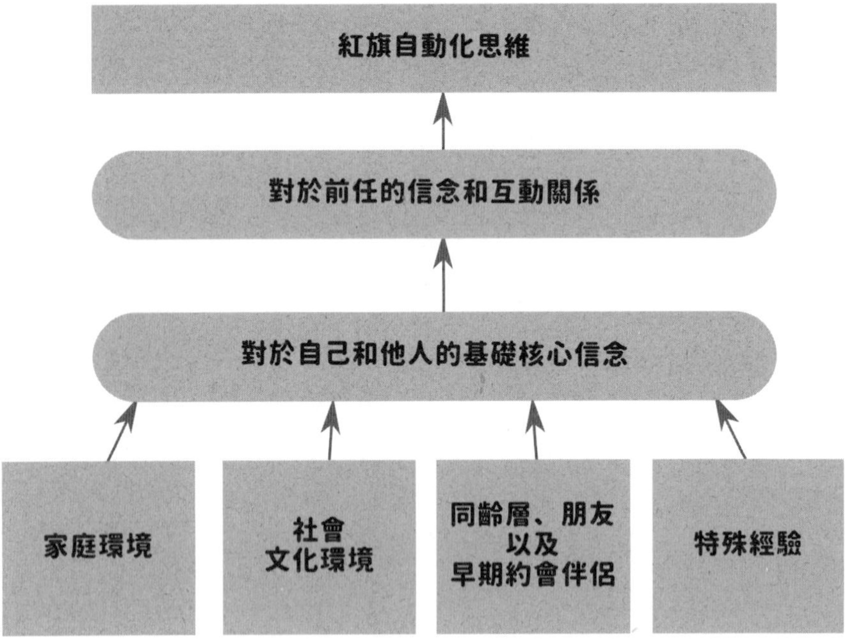

圖二：童年早期學習如何影響愛情成癮

如圖二所示，打從還是個孩子的時候，你的家庭、社會文化環境、同齡層、朋友、早期約會的伴侶以及任何特殊經驗都滋養了你的學習過程。而藉由觀察與互動，你建構了自己和他人在愛情關係中的一些基本核心信念。這些在你生命早期已經形成的穩定且不易改變的結論，反映在你與前任戀愛關係的各個方面，包含什麼東西會吸引你，怎麼做能讓你感到安全，你期望前任如何對待你，你如何對待他們以及如何表達愛。因此它們也影響了你對前任的信念和你的紅旗自動化思維，無論你們還在交往或者已經分手。

當在童年時期感到不被人愛、沒有安全感，缺乏自信而焦慮，這些狀況下形成的核心信念，將使你在成年後很難信任戀愛對象及保持親密。這就是童年早期學習影響戀愛關係的關鍵，其中當然也包含你和前任的那段關係。如果在童年時沒有得到足夠的支持、指導和穩定的成長環境，你的核心信念將反映出愛情並不穩定也不安全。舉例來說，如果你曾在某方面受過傷，潛意識可能做出這樣的結論：世界是不公平的，人們總是會利用你，而你一定有什麼問題。更糟糕的是，如果你曾經身體上受到虐待、性虐待，被人忽視，目睹家庭暴力事件，生活在物質濫用的家庭、父母其中有一人患有嚴重精神疾病，或目睹一次混亂不堪的離婚，這些在由心理健康專家設計出的童年逆境經驗量表中，都屬於受虐、受到迫害或者遭受巨大創傷經驗，那麼現在的你在戀愛關係中，很可能感到非常掙扎。甚至認為自己不完全值得被愛，沒有內在價值，無論生命中發生什麼事情都完全無法掌控。童年逆境經驗甚至可以改變你對壓力的生理反應，扭曲了你對生活中困難事件的反應，這次分手就是個例子。

當走進關於你在童年時期學習的混濁領域時，可能會讓你想起一些不愉快的記憶，因為這些負面經歷嚴重影響了你對前任的成癮症狀。一旦這種情況發生時，試著成為自己的觀察者。與記憶保持足夠的距離，能讓你看得更清楚自己從曾經發生過的任何創傷或受虐事件中學習到什麼事情，而不必重新經歷它們。當你回顧時，問問自己你的童年環境教導了你關於自己和他人哪些事。答案將引導你找到最具影響力的核心信念。請記住童年時期的你並沒有意識地選擇自己的信念；你是藉由自己的經歷在無意識中得出這些結論。接下來讓我們從可能對於你的學習具有最重要影響的部分開始探索：你的家庭。

家庭對愛的訊息

在你的生命中，家庭成員是你最早接觸而且可能對於成長最具影響力的人。他們是你人生早期教育的啟蒙者，由於需要得到他們的愛才能存活，所以也讓你第一次產生與他人的連結（或者沒有）。此外有可能你的童年生活大部分時間都與家人在一起，正處於人生發展階段的你，不僅脆弱也十分容易受到他人的影響，因此我們的自我意識多半建立在與成年照顧者的互動關係上。

在六〇到七〇年代當時最先進的研究提出了與家庭，尤其是與父母的互動，對於孩童在未來對親密感是否感到自在，以及與他人的情感聯繫有很大的影響。如果孩子相信父母能滿足自己的需求，經歷過健康的親情之愛，就有機會發展出一種健康的安全型依附（securely attached），與父母建立穩固的連結。這是在理想的童年環境中所發生的事情，你知道父母會幫助並照顧你；他們離開後一定會回來。感到安全的孩子可以自由地探索世界，當有需求時隨時都能夠回到父母身邊尋求支持、安慰和肯定，因為他們永遠在那裡。在這種家庭環境中發展出的核心信念，反映出自己是有價值、安全的，並且有能力決定自己的生活。長大成人後，相對地容易建立親密且有意義的戀愛關係，因為核心信念反映出自己是重要的、穩定可信賴的，可以有效面對出現在生活中的任何挑戰。

儘管這種家庭狀況看起來很不錯，但是許多人並沒有機會在這樣的理想環境中長大。如果父母對孩子的需求表現出不一致的反應，有時他們會在你身邊，有時不在，就可能發展出焦慮型依附（anxiously attached）。渴望與人親密，但又對彼此的關係感到煩惱，不確定別人是否會一直愛自己。這都是因為孩提時代無法確認成年照顧者是否會在我們有所需求時在自己身邊。如果父母一直保持疏離或對孩子的需求反應冷淡，長大後便可能發展成逃避型依附（avoidantly attached），覺得親密的關係讓人感到窒息，彷彿因此會失去獨立自主性。如果有時能得到父母的協助，有時他們又愛理不理，你可能會發展出綜合上述表現的行為，被稱為紊亂型依附（disorganized attachment）。這可能使你在某些情況下渴望親密關係，卻又在其他情況下拒絕它，就好像某些時候你十分黏人，而在其他情況下又拒人於千里之外。

你從父母身上和家庭中得到多少愛，都會對你在戀愛關係中的想法、感受和行為產生極大的影響。所以讓我們更仔細地檢視一下你的經歷。

練習

你從家庭中學到的愛

回憶一下童年時期你從家庭中學到什麼，並把它們記錄在日記裡。首先寫下所有家庭成員，他們可以包括任何幫助養育你、與你住在一起，或者在童年環境中花了很多時間陪伴你的人。名單通常包括親生父母及養父母、祖父母、兄弟姐妹、堂兄弟姐妹，甚至是你的遠親或寵物。名單也應該包括那些你想要與其建立聯繫但是無法實現的人，例如因為死亡、被監禁、住得很遠，或者只是單純地沒有對你有任何付出，以至於從你的生活中缺席的人。

然後描述你的家庭環境。你住在哪裡，和誰住在一起？家庭成員的相處氣氛如何？混亂還是祥和？父母是否有能力及意願參與你的生活，提供你所需的關愛和照顧？他們是否支持並尊重你的感受和經歷？你感到安全嗎？大家是如何交談和對待彼此？發生衝突和意見分歧時會怎麼處理？是否對於你的外貌或表現有所期待，否則就不願意愛你？有任何人對某事成癮，或患有其他心理疾病嗎？你曾經受到不當對待或凌虐嗎？把童年家庭環境中任何值得注意的事情都記錄下來。

現在看著寫下的東西，問自己這個問題：我從我的家庭環境中學到什麼關於自己和他人的事？一些源自有問題的童年家庭環境的常見核心信念包括：

- 我不值得被愛。

‧我有缺陷；有什麼地方出了問題。
‧我沒有安全感。
‧我很糟糕。
‧愛是有條件的，必須賺來。
‧不值得信任別人。
‧人們終究會離開我。
‧和他人的關係很危險。

這些核心信念中有沒有讓你感到認同的？或者你生長的家庭環境讓你得出其他有關愛的結論？值得注意的是，你的經歷可能使你得到負面但準確的結論。如果你有著非常糟糕的童年逆境經歷，比如遭受虐待，可能會合理地得出人們不值得信任的結論。對於飽受虐待的兒童來說，發展出這種信念完全合乎邏輯。在這些情況下你務必要記住，雖然這樣的結論對你來說是準確的，並不完全是真實的：有些人不值得信任，但很多人是可信任的。你現在已經成年了，可以選擇與誰共度餘生，因此繼續抱持這些核心信念對你來說並沒有好處。

此外即使在童年時期，你可能已經得出完全不真實，但你當時相信它們是真實的結論。例如你曾經被人忽視因而得出我哪裡有問題，我不值得被愛的結論，這不僅不真實甚至從來不曾真實過。如果在你的童年核心信念中看到這類紅旗思維，即使在年輕時相信它們很合理，現在也請提醒自己這樣的結論不準確且毫無幫助。

除了家庭環境造就了你的信念之外，你成長的文化環境也有影響。所以接下來我們要探討社會文化環境教了你什麼。

文化訊息對愛的影響

每個人都在不同的文化中成長，在那個社會群體中分享特定價值觀、行為準則、習俗和規章。實際上你屬於或曾經屬於許多不同的文化群體。有些規模比較小，例如作為社區或教會的成員，有些規模可能更大，像是作為某民族群體或國家的一分子。從生活中學到每個文化群體以社會角度訂定一個人是否受喜愛或尊敬的價值觀。其中包含如親切和友善等品德特徵，以及種族、性別、生理性別、性傾向、階級、財務狀況、教育程度和外貌等人口特徵。

還是個孩子的時候，藉由觀看電視，與媒體互動，觀察組織的權力結構，在學校接受教育，以及觀察社區中誰擁有最大的權力以及原因，僅從生活在這些文化中就能學到它們的價值觀和理念。學到了在你的文化背景下如何看待戀愛關係，什麼是正常的、可取的以及合理的，因此解析你收到的訊息對於理解愛情成癮非常重要。舉例來說，如果你在歐美等第一世界的環境中長大，許多最具有羅曼蒂克的訊息都是以不切實際的故事方法呈現，例如灰姑娘和白馬王子的故事。成長在這種文化背景下的人們可能認為當找到唯一真愛的時候，他們會愛上你，需要你，並為了能和你在一起而奮戰努力，從今以後你們將過上幸福快樂的生活。而為了變成令人嚮往的對象，你應該努力變得富有、保持美好身材、聰明、坦率、美麗或英俊，而且看起來要永遠保持年輕。如果你在主張個人從屬於社會的集體主義背景下長大，社會的需求被置於個人慾望之上，可能學到的是你之所以存在是為了家庭和社會的福祉做出貢獻，你個人想不想談戀愛並不重要。總而言之這一切都指出當考慮可能交往的對象時，你會從家庭的角度而不是你自己的角度來評價他們。例如你在一個有著嚴格宗教信仰的社區長大，可能已經學到只能和有相同信仰的人約會，或者對被視為不純潔的任何性幻想感到內疚。

還是個孩子的時候，你在無意識中已經相信這些文化訊息是真實的，並沒有考慮它們是否準確、可實現，甚至是否健康，全盤將它們變成你自己的信念。很少有機會在媒體或其他文化交流中看到完全不加以修飾，有關持久親密戀愛關係的真實描述。例如電視劇、電影、有關感情困擾的開放式論壇，或者有關不忠的會談。因此你可能抱持著這種核心信念，認為愛你的人永遠不會考慮與其他人發生性關係或戀情，不會對自己的婚姻選擇產生懷疑，也不會難以和你保持親密關係。你可能堅信相愛的伴侶永遠不會爭吵，或者即使發生激烈的爭吵後也能冷靜下來好好反思，要不然就用誇張的方法表達歉意好請求復合。如果你的性傾向並非異性戀，外貌不完美，單身或被情人拒絕，就會覺得一定是自己有問題。可以明顯看出這些信念對於任何人來說都是不真實也不健康的。

練習

你的文化所教導的愛

回想一下自己的成長過程，你會如何描述孩提時代所受到的文化教育，它們對你有什麼影響？什麼原因造就一個人的價值？誰最受人喜愛？被喜愛的原因又是什麼？結婚這件事是否重要？長得漂亮或英俊重要嗎？聰明或富有？獨立以及能自給自足？人們對於分手或離婚有什麼看法？對於性別或性別角色的表現是否有特定期待？在那個文化背景下，如何判斷一個人是否有價值、微不足道甚至受到社會唾棄？

接著問問自己，這樣的環境讓你對於戀愛關係中的自己及他人有什麼看法？一些由於不切實際或不健康的文化訊息可能產生的虛假核心信念包括：

- 在戀愛關係中，兩個人會合而為一。
- 一生中只有一個真愛。
- 少了另一半我就無法快樂或變得完整。
- 人的價值取決於外在因素，例如有多少錢或長得好不好看。

・必須比別人更優越才能找到另一半並長相廝守。
・如果感情生活失敗，會使我的社區蒙羞。

闡述這些或其他你從文化背景中學到的核心信念。

接著我們將探討影響你童年學習的第三個主要影響：同齡層、朋友和初戀經驗。

同齡層對愛情的訊息

從童年進入青春期後，同齡層群體對於感情關係變得日益重要且具有影響力。人類是社會性動物，需要建立人際關係來感受與他人的聯繫與快樂，並賴以存活。特別是在童年時期，我們想成為同齡層群體的一員，並受到年齡相近的朋友們接納。一旦遭受拒絕、霸凌和排擠，經常使我們覺得自己不值得被人喜愛。此外在這個階段，我們逐漸在同齡層中形成自己的身分，探索我們的個性、自主權和性取向。為了找出自己是誰，我們需要與他人互動，然而有時這樣的互動並不容易。

身為群居動物的天性，與同齡層朋友以及早期約會對象的相處經歷，強烈影響你對愛情和戀愛關係的基本核心信念。孩子時候的你觀察朋友和其他同齡層在學校的行為。從他們對待你的方式，並將自己與他們比較，得知自己在群體中的定位。人生第一次對同齡層產生性與戀愛的好奇心，第一次嘗到暗戀某人的感受，並開始藉由穿著打扮或言行表現來吸引別人的注意。你還開始發展戀愛中的人應該如何表現，以及在同齡層之間什麼時候、該怎麼做以及與誰適合發生性行為。隨著進入青春期，你可能已經與同齡層發生第一次的約會或性經歷，無論這些經驗是愉快的、好玩的、糟糕的、可怕的、受到創傷的或者尷尬的，都會影響日後你對浪漫愛情的看法。

練習

同齡層和早期約會對愛情的學習

將你童年時期在同齡層之間的學習經歷記錄在日記中。首先回想一下同齡層群體，這些人不一定是朋友，而是年齡相仿且和你在相同的年級或社會環境中的人。你如何描述在成長過程中與他們的關係？是否融入了那個圈子？讓誰成為萬人迷或最受歡迎的因素是什麼？與同齡層互動間是否曾發生任何讓你永生難忘的糟糕回憶？是否曾被人霸凌或受到不尊重的對待？

接著回想一下朋友。你在成長過程中有結交好友嗎？有最好的朋友嗎？是否信任他們並能吐露心中的話？他們是如何表達愛和情感的？是否曾與朋友中的某人結仇？那件事怎麼發生的？又是如何影響了你？朋友們何時第一次發生性行為？他們看色情作品嗎？他們相信一夫一妻制還是接受更開放的性愛觀念？

最後回想一下你的早期約會經歷。你暗戀的第一個人是誰？你如何描述他們？喜歡他們什麼地方？他們喜歡你嗎？所有吸引你的人有什麼共同的特徵？有過什麼特別美好或糟糕的約會感受嗎？第一次性經驗發生在什麼時候，它是如何展開的？你何時注意到自己對某個愛人出現上癮的感覺？除了前任之外，如果曾對其他約會對象感到上癮，請描述他們以及你的感受。

當回顧你對同齡層、朋友和早期約會經歷的描述時，問問自己從中學到了什麼。一些可能由於感到不安全、不舒服或不喜歡而產生的共同核心信念包括：

- 我不像別人那麼好。

．必須讓人喜歡我才代表我有價值。
．與人保持親近很危險。
．男人總是會利用和虐待我。
．女人總是會利用和虐待我。
．情人總是會出軌。

最後我們要探討任何影響你在親密關係中是否感到舒適的獨特經歷。

獨特於你的學習

每個人在成長過程中都有獨特的經歷，讓人產生強烈的印象，深刻地影響了我們對愛和關係的看法。也許某個你所深愛的人過世了；你是被收養而來；有個需要被特殊照顧的兄弟姐妹；在一個嚴格的宗教家庭或軍事家庭中長大；曾經經歷種族主義或性別歧視對你造成嚴重的傷害；你是一個難民，需要努力地適應新環境；曾經的旅行經歷對你造成深遠的影響；曾經出過車禍或患有嚴重的身體疾病；曾經在身體或心靈上受到攻擊；你在某次自然災害下劫後餘生；在學校時是一個非常優秀或差勁的學生；你可能有某種形式的殘疾。類似上述的獨特情況可說因人而異。

然而無論任何一種經歷，只要它教會了你有關自己的價值，或者讓你了解與期待愛你的人會有的表現，都能幫助你理解自己的核心信念。因此讓我們試著找出你獨特的學習經歷。

練習

獨特情境教你的愛

把你獨特的童年學習經歷記錄在日記中。請記住從不安全或創傷經歷中形成的信念，會強烈影響對戀愛關係的體驗，因此仔細回想你經歷過的任何困難事件。因為可能的變數實在太多，所以我很難幫你總結出與獨特情境相關的核心信念，但以下是一些可能出現的常見核心信念：

- 沒有人能理解或接受我。
- 我無法保護自己的安全。
- 為了生存，我必須比其他人更出色。

．為了獲取利益，人們總是會利用我。
．這個世界是可怕的地方。
．不要讓人們看到真實的你，因為他們會拒絕你。

這些在與家庭、社會文化環境、同齡層群體、朋友、約會伴侶和其他獨特情境互動中形成的基本核心信念，會強烈影響你對前任的愛情成癮。為了開始理解這種複雜的細微差別，我們將開始進行把童年核心信念與你對前任的關係聯繫起來的困難任務。

助長愛情成癮的核心信念

跟著本書的腳步至今我們已經能理解到，你的成長背景使你形成了一些有關自己和他人在戀愛關係中的基本核心信念。如果打從童年時就開始懷疑自己不受人喜愛、缺乏安全感和掌控生活方向的能力，由此發展而成的核心信念將使你難以信任且難以與伴侶保持親密。任何形式的我不值得、我不安全，或者我沒有能力都會影響你與前任的關係，需要做出改變。然而把童年時期的基本核心信念與對愛情的成癮聯繫起來是很大的挑戰，因此我們先用一個例子來引導你進行這個過程。來看看蘇菲亞的故事。

蘇菲亞出生在一個勞工階級第二代的歐裔美籍家庭，是三個女孩中年齡最小的一個。根據她的描述，兒時家庭環境氣氛十分緊張。即使到了夜晚應該就寢的時刻，耳邊仍經常充滿吼叫和辱罵的爭吵聲。回憶起當時的情境，她焦慮地坐在客廳裡那張布滿髒汙的破舊沙發上，父親告訴她要離開家的畫面歷歷在目。那一年她才七歲，父母正準備離婚。

在父母離異後，蘇菲亞和姐姐與母親生活在一起。她描述母親是一位堅強且辛勤工作的女性，為了盡力照顧好孩子們，她必須身兼兩份工作。即使長期感到疲憊不堪但仍然很少表達出情緒。偶爾在深夜裡，蘇菲亞會聽到母親邊洗碗邊低聲哭泣，不過母親從不曾和孩子們談論過這些事。蘇菲亞幾乎不曾再見到父親，只記得很多次自己手中提著行李箱，待在客廳裡充滿期待地望著窗外，等著父親來接她。然而他很少出現。

在她生活的社區及文化中，蘇菲亞學習到她需要漂亮和聰明，同時必須上教堂才能成為一名「好女孩」。童年和青少年時期，蘇菲亞在學業上的表現都很出色，努力讓自己保持美好的外貌，定時上教堂，從不曾惹上任何麻煩。事實上她很少表達出負面情緒，因為擔心這麼做會讓自己被人討厭或不被接納。別人眼中的蘇菲亞是個害羞的孩子，觀察力強，和同年齡的孩子相比更為謹慎，且對男孩始終保持警戒。年長一點的孩子、派對活動以及飲酒都會讓她感到十分不舒服。除了和最好的朋友來往之外，她幾乎不會參與任何社交活動。在她十一歲的時候，大姐發生了未婚懷孕，除了讓母親感到煩惱沮喪外，蘇菲亞對於周遭男性的戒心也變得更重。

高中畢業並工作了幾年之後，蘇菲亞在一間咖啡店遇見了馬力克。剛開始她對他不屑一顧，態度就和對待大多數男人一樣，但他表現得相當執著。某天早晨她如同往常一樣點了杯咖啡，咖啡師滿臉笑意地遞給她一個杯子，上頭黏貼了一張馬力克的便條紙：「我很想認識你」。這個動作打動了蘇菲亞，覺得他很可愛而同意開始約會。出乎意料的是她喜歡和馬力克在一起的感覺。他很體貼，長得好看，而且始終對她充滿愛意。不到一個月蘇菲亞就開始放下防備心，她感到無比幸福！有他在身邊，她覺得完整且快樂，認為自己的生活終於要步上正軌了。然而當兩人分離時蘇菲亞也開始變得更加焦慮。隨著交往的時間增長，她變得過度關注馬力克的一舉一動：包含隔多久會打一次電話，交談時所使用的具體詞彙，或者兩則簡訊間隔了多久等雞毛蒜皮等細節。她希望能得到他至死不渝的愛的保證，以及承諾會認真地規劃兩人美好的未來。

交往了幾個月後，馬力克的態度開始改變，在蘇菲亞想得到更多關注時，他退縮了。

不再傳甜蜜的訊息給她，也不再想辦法挪出時間陪伴她，甚至開始表現得不耐煩。蘇菲亞試圖和他談論自己的感受時，馬力克表示她變得越來越瘋狂。沒多久他們就分手了，而蘇菲亞則陷入前任上癮循環中。受到強迫性思維、深感不安的情緒和想在一起的渴望困擾，她感到徹底迷失和受到背叛。當向家人哭訴有關自己和馬力克的故事時，蘇菲亞的母親翻了翻白眼說：「男人就是這個樣子。」

你有沒有看出蘇菲亞的家庭、同齡層群體和獨特的經歷如何造就出她對於愛情的結論，並且影響了她和馬力克的關係，以至於最終走向前任上癮分手的下場？解開早期童年核心信念如何影響成年人戀愛模式，過程既複雜又具有挑戰性，所以讓我們一起來分析她的故事。

先來看她從家庭中學到了什麼。可以發現蘇菲亞無論和父親或母親都沒有建立起安全型依附關係：她的母親在生理上存在，但情感上疏遠；而父親在七歲過後就沒有積極參與她的生活，這使得蘇菲亞對於親密關係和信任他人抱持著謹慎態度。她還錯誤地認為自己有問題，如果自己更完美，她的母親就會更快樂，而父親和她的關係就不會那麼疏遠。在文化上，蘇菲亞在無意識中內化了這樣的信念：如果她是完美的，做一個聰明漂亮，從來不惹麻煩的好女兒，那麼好事就會發生在自己身上。所以她從不表達任何負面情緒，好避免讓別人覺得她不好。在社交方面蘇菲亞始終對於和他人的親密態度保持謹慎：除了自己最好的朋友能信任外，在同齡層中幾乎沒有其他社交接觸。青春期的她盡可能地閃避戀愛關係，因為生活中的所有女性，包含她自己、母親和姐姐都曾被男人離棄過。感到被父親拋棄再加上看到姐姐未婚懷孕，更強化了心中那種不信任感。

以下是蘇菲亞抱持的基本核心信念：

- 我哪裡都有問題。如果我更好，更聰明、漂亮、和善、可愛，別人就會愛我。
- 男人都很自私，利用完你之後就會離開。
- 浪漫的愛很危險。
- 沒有人值得信任。

理解了蘇菲亞自童年時期發展出有關愛的核心信念後，對於她和馬力克墜入情網，最終因為覺得自己不夠好加上缺乏安全感造成兩人關係惡化，這樣的結果一點都不讓人感到意外。蘇菲亞的潛意識裡一直認為浪漫的愛情十分危險，男人遲早會離開她，因此在青春期一直避免談論感情，從不曾與任何人約會過。直到馬力克出現，在他積極的追求下，蘇菲亞終於對他敞開心扉。陷入熱戀後，她第一次感受到愛情的美好，認為馬力克是她所認識的男人中的例外，是完美伴侶，並且得出他是最好的結論。如同我們在前一章的討論，這些想法都是戀愛中對於愛人最常見卻嚴重錯誤的信念，因為在他們身邊的感覺太好了，讓人不自覺地過度美化他們。

然而隨著交往的時間越久，與馬力克的親密關係讓蘇菲亞更加感到不自在，部分原因就是因為童年時期的核心信念被激活了。潛意識開始擔心馬力克會發現她哪裡有問題的真相，即使這種想法從客觀的角度來看明顯錯誤。她越來越急迫地需要得到他不會離開的保證，這樣的關係讓馬力克感到疲憊、窒息和乏味。從本質上來看，兩人的關係觸發了蘇菲亞童年時期一些非常深層的痛苦回憶，她的核心信念讓她無法從這份關係中得到安全感、價值感以及能夠自我掌控。甚至早在分手前，那些信念已經侵蝕了彼此的連結感，因為無論馬力克怎麼做都不能讓她感到安全。蘇菲亞相信浪漫的愛是危險的，人們終究會離開她，男人會利用她，而且從根本上來看她是個有問題的人。最終蘇菲亞的核心信念讓兩人的關係出現裂痕，無論在分手前還是分手後。它們也助長了蘇菲亞的愛情成癮症狀，因為在潛意識裡她將這次分手視為再次驗證負面的童年核心信念的證據，前任上癮循環的紅旗思維更進一步地被點燃。

希望蘇菲亞的故事能讓你明白，將童年學習經歷與前任上癮分手聯繫起來是複雜和混亂的。然而這麼做對於放下前任以及創造一個沒有愛情成癮的未來十分重要。所以讓我們試著找出關於愛的童年核心信念，以及你對於前任的錯誤信念與紅旗思維之間的關聯。

練習

將童年信念與分手聯繫起來

仔細思索你從家庭、文化、同齡層、約會對象以及其他獨特的童年經歷中學習而成的基礎核心信念。試著找出它們如何影響了你與前任相處時的想法、感受以及行為。無論當你們還在一起或者分手後，有哪些信念浮現在腦中？它們是否漸漸滲透到你與前任的互動方式中，就像蘇菲亞的信念對她產生的影響一樣？你信任你的前任嗎？當和他們親密相處時能否感到自在？錯誤的童年學習可能影響愛情成癮關係和導致分手的常見行為包含：

- 希望快速地建立關係，或者當伴侶想親近時感到窒息。
- 對於伴侶的喜好、意見及情緒非常敏感。
- 擔心戀愛對象會停止愛你。
- 擔心戀愛對象會離你而去。即使從理性上來看，你並不是真的喜歡他們或想和他們在一起。

- 過度在意你的伴侶所做的每件事，或者沒有做的事。例如他們與你聯繫的頻率或者具體的用字遣詞。
- 希望定期得到伴侶對於愛及忠誠的保證；或者因為伴侶需要從你那裡得到太多確認而感到不悅。
- 因為害怕被伴侶拒絕而受傷，為此感到不自在。
- 如果伴侶回應自己的方式不如期望，容易引發負面情緒或者過度反應。
- 因為擔心受到批評，所以刻意隱藏或掩飾有關自己的負面訊息。
- 與伴侶別離時感到不自在。
- 當其他可能會搶走伴侶注意力的人出現時，就會覺得受到挑戰。
- 即使彼此的關係不健康，也很難一刀兩斷。
- 單身的時候會感覺自己變得不完整或迷失。

你的戀愛關係是否也出現類似上述的情況？和前任的相處態度正是如此？請先暫停一下，回想和前任相處的過程中，無論是在你們交往時或者已經分手後，出現以上情形的具體事件是什麼。把自己的努力記錄在日誌中自我照顧介入的欄位。

隨著對於童年時期形成的錯誤核心信念，以及它們如何助長了對前任成癮的認識更加清楚，你就能理解改變它們是件多重要的工作！明確地說，你要用更健康、更準確以及更有幫助的真相取代它們，這些真相和你、其他人以及戀愛關係有關。

關於你和戀愛關係更健康的信念

不幸的是對大多數人而言，在童年學習到的許多最有害且不真實的核心信念會隨著時間推移而變得更難動搖，因為我們在無意間會強化並持續它們。我們花了更多注意力在自己假設為真的證據上，並且在假設為真的信念下行動，忽視了可指出它們是錯誤的或者對我們沒有幫助的事證。舉例來說，蘇菲亞對於愛和浪漫戀情的核心信念讓兩人的關係朝著她最害怕的方向發展：馬力克離開她。然而在他離開後，她卻無意間將這個結果解釋為她的核心信念為真的證據，也就是男人終究會離開她，她是個有問題的人，戀愛關係很危險。這就是為何童年早期形成的核心信念特別難以挑戰，因為多年來你一直在無意間的狀況下強化它們。

為了發展出更能增強自我信心的積極信念系統，你需要用更誠實的真相，關於你自己、你的前任以及愛情的真相，來替換沒有幫助的童年核心信念。在上一章中你已經開始將一部分真相融入自己的世界觀，我們將在這樣的基礎上繼續努力，集中注意力在你自身擁有的價值和重要性。一旦發現任何有缺陷和有害的童年信念出現在你的思維、行為習慣或動作中，我希望你能提醒自己以下內容：

・我值得被愛。
・我的價值由我自己決定。
・我的重要性不需得到前任的認可。
・我的價值不需符合文化理念。
・我不需要依賴感情關係才能感到安全自在。
・戀愛關係是一種選擇，沒有另一半我依然完整。
・我有能力透過自己的選擇來改變生活。

此時的你也許會覺得上述的某些說法有些矯揉造作或者虛假，事實上它們反映了每個人擁有的真相。每當發現某個有缺陷的童年核心信念驅動著你的前任上癮症狀，希望你能用這些真相來替換它。現在就讓我們開始實際練習。

轉變你的童年核心信念

練習使用3Ds來挑戰你的童年核心信念。我們先以蘇菲亞的例子幫助你開始練習。

偵測（有缺陷的童年核心信念）：

如果我變得更好，更聰明、漂亮、和善，人們就會更愛我。我一定是什麼地方有問題。男人都是自私的，他們利用完之後就會離開我。浪漫的愛情很危險。

辯論：

證明這個想法是真實的——

父親和姐姐的男朋友離開了，留下母親獨自撫養姐姐和我，這讓我覺得男人都很自私。

我不曾見過安全且能互相支持的戀愛關係，所以談戀愛看起來很危險。

證明這個想法是虛假的——

作為成年人，我不需要任何人來照顧我，因為我可以照顧好自己。

我不需要一個浪漫的伴侶才能感到安全和滿足。

還是個孩子的時候，父母無法好好照顧我並不能反映我的價值。前任不想和我在一起也與我的價值無關。

我的過去不能定義我的未來。

就算和父母無法建立安全的依附感，不代表我和其他人也無法建立良好關係。

如果某個愛人離開我，就像馬力克一樣，不代表所有的男人都會離開我，並非所有男人都是危險且不負責任的。

如果某人離開我或不想和我在一起，並不能表示我哪裡有問題。別人的行為和選擇與他們自己是誰有關，和我是誰沒有關係。

我就是我，已經夠好了，即使不完美但仍值得被愛。

無論生活出現什麼樣的變化或挑戰，我依然擁有我自己。

分辨（創造一個準確和有益的世界觀）：

即使在孩提時代無法得到父母完全的愛護，不代表我所愛的每個人都會離開我。現在的我可以照顧好自己的需求，不需任何人在身邊才能覺得安全、安心和有價值。為了克服對馬力克的感情，以及在未來能和他人擁有更好的關係，我必須從這次分手中復原，並且改變童年時期沒有幫助的核心信念。我會貫徹向有缺陷的核心信念挑戰的決心，擁抱更健康的真相，也就是我值得被愛，我的價值由自己決定，我不需要馬力克或任何人才能變得重要，我能透過自己的選擇來改變生活，我現在正在這麼做，因為我想要有一個充實的未來。

每天至少練習一次將3Ds運用在所有有害的童年核心信念上，並且在自我監控日誌中記錄你的努力，這是你的自我照顧介入。

只要能擁抱更多關於自己和他人的準確真相，來自健康的愛、安全感以及能增強自信與能力的真相，無論你是獨自一人或處於戀愛關係中都能感受更好。吸收了這些真相並將它們融入你的世界觀中，能讓你從內心深處意識到它們確實反映出人性。

繼續前進

孩童需要愛才能存活。你在生命初期對愛的認知影響了成年後感受到愛、安全和自信自重的程度。當還是個孩子的時候，如果發展出一些基本上有缺陷的核心信念，就可能損害你與前任的關係，因為這些信念讓你與他人保持親密和信任變得不自在。

現在你已經揭露了一些有害的童年核心信念，它們使你在戀愛關係中容易遇到困難，包括與前任的這段關係，該是時候為自己建立一個更光明的未來了。在本書的第三部分，你將學會如何把一直消耗在前任身上的能量引導回自己。用它來探索自己是誰，以及對現在的你來說什麼事情才真正重要。藉由原諒與修正，你能放下過去經歷的傷痛，同時做出基於價值觀的選擇，引領你邁向生命的下一個偉大章節。

Part

3

為人生下個階段做選擇

第七章

透過原諒克服失落

當經歷第一次分手時，我把所有責任都歸咎於前任。儘管我愛他並且非常渴望能重修舊好，但是我也恨他。恨他的離開，恨他不要我，恨他那麼快就從分手的陰影中走出來。但是在探索我的童年學習的過程中，慢慢了解我也需要對關係出現裂痕負一些責任。由於生長在一個彼此關係緊張的混亂家庭，對於明天總是感到未知迷惘的我很難相信別人。理解到親密關係對我造成了困擾後，才明白這次分手不單是前任的選擇，也是我的選擇，這讓我受傷的感覺稍微有所減輕。

距離上次與前任交談已經過了二百三十一天。分手時她用非常可怕的方式對待我，除了讓我覺得遭受背叛和被拋棄外，也對她的處理方法感到憤怒。我很想釋放心中的傷痛與憤怒，但是不知道該怎麼做。這讓我內心感到煎熬。

在過去的五年裡，我把大部分的時間和精力都花在前任身上，無論兩人還在一起時或者分手後都是如此。她占據了我心中最重要的位置，即使不想讓自己的生活一直繞著她打轉卻做不到。隨著練習書中教導的技巧，我對她的執著減少了，但仍然感覺遭受巨大的損失。不僅是失去了前任，同時也覺得自己的某部分隨著永遠不會回來的過去生活一起消失了。承認這一點有助於我嘗試向前邁進。

我希望你現在已經能站在整個生命旅程的高點，用更宏觀的視角看待這段感情的結束。與其一直專注於分手的痛苦細節，不如把眼光放遠一點，把分手視為偉大人生故事的一個重要部分。就彷彿你有五十英尺高，俯視著一張從出生到現在的人生地圖，看到與家庭、社會文化環境、同齡層、朋友和初戀伴侶的互動，使你發展出一些有關愛情和戀愛關係的核心信念。而在童年時期遭遇最痛苦和創傷的經歷導致了問題最大的信念，因為它們讓你難以親近及信任他人。這些飽受壓力的經歷可能還會讓年輕時的身體出現過多和緊迫有關的荷爾蒙，改變大腦的化學物質，持續地影響著你對當前逆境的生理反應。

抱持著那些在人生早期學習到的觀點，在起伏的人生道路上前進，直到你遇到前任的那一天。和他們在一起的感覺真美好，導致你對他們做出過於正面的結論：他們是最棒的，是完美的伴侶，是全世界唯一能讓你感到快樂和完整的人。然而就當你想更親近他們時，那些討厭的童年核心信念突然橫阻在面前，讓你感到不自在。你根據對於自己及他人做出的有害結論，不斷地做出沒有幫助的行為。分手之後，你進入一種戀愛戒斷狀態，前任上癮循環開始出現，強迫性的思維、極度渴望、情緒困擾和不健康的行為，因為感到痛苦而讓你更想尋求與前任之間的親密感。總而言之，你對前任的上癮行為是由生物和環境因素之間複雜互動的結果，這種早在很久以前就開始的互動至今仍在影響你。

在你越來越清楚自己如何走到當今局面之後，加上持續地練習能幫助中止症狀的認知行為治療技巧，實際上你已經開始轉變了。如同浴火鳳凰一般，你將蛻變成為一個更強大且真實的自己。並非要你刻意忽視或忘記過去，而是藉由這次分手獲得更深層次的學習來拓展和成長。本書的第三部分就是為了幫助你替自己人生開創下個階段的偉大篇章。要知道你對於這次分手的回應態度，也許是痛苦與憎恨、或者是憐憫和感激，將在很大程度上決定朝未來邁進時能否感到愉悅或滿足。你越是能將這次分手視為一個損失，選擇原諒過去並修正自己的行為，就越容易做到放下前任並開啟人生下個階段的冒險。現在讓我們先從將這次分手視為一個哀悼過程做起，也就是當失去人生中某項重要東西後經歷的心路歷程。讓我們開始吧。

向失去前任致哀

即使曾經每天都感到十分痛苦的悲慘日子距離你越來越遠，分手這件事在感覺上仍是個巨大的損失。這樣的感覺甚至像是創傷，某種形式的死亡，因為失去前任不僅是一段關係的結束，同時也是一個夢想、一種生活方式的結束、它是與曾經彼此分享心靈、思想和身體的人之間深刻重要連接的結束。當人們經歷了損失時會哀悼。想從悲傷中走出來，並防止自己的現在受到扭曲，未來與現實脫軌，接受你的失去是件十分重要的事。因此讓我們更詳細地探討哀悼過程。

當一段戀愛關係結束時，哀悼過程通常以震驚開場：無法相信你們的關係結束了，你的前任離開了。這個階段的你可能感到麻木和迷失，彷彿活在一場可怕的夢魘中。震驚之後通常伴隨著否認，你已經知道這是一種紅旗思維，它讓你無法真實地承認現實。在這個階段，你打從內心拒絕承認彼此關係已經結束的事實，並尋找某種自己可以接受的原因，去解釋為什麼會發生這種情況。你希望自己活在一種替代的幻想情境中，你的前任仍然愛著你，想要你，需要你，努力地讓彼此永遠在一起。即使這一切都不是真的，否認仍使你繼續抓住已經消失的東西。

當震驚和否認開始消退後，可能會進入一個討價還價的階段，這個階段的你會拚命試圖重新復合。你會尋找解決任何問題的方法，絕望地努力著，拚死一搏只為了能團聚。甚至可能考慮一些明知不健康、違反道德底線或傷害自尊心的事情。例如可能會說服自己不需要那麼認真，開放式關係也無妨，放棄擁有自己孩子的夢想，金援你的前任，或者為了重新走到一起而與前任不喜歡的朋友斷絕來往。到頭來討價還價只是修復了一個你或彼此都不再想要或不健康的關係，而你必須為這樣的結果負起全責。

當意識到討價還價起不了作用，前任不會回來，或者你們的關係無法以健康的方式修復，這時你會被情緒淹沒。一想到分手，你可能會感到非常生氣，甚至變得暴怒。隨著徹底明白前任真的已經不在了，覺得這個世界不公平和人生毫無意義的情緒會吞噬你。可能會因為前任的某些選擇、行為或者明顯地冷落你而感到憤恨。甚至可能想傷害他們或讓他們受苦受罪。這些都是當覺得被拒絕時的常見反應，只不過這類行為對你或彼此關係都沒有好處。這個階段可能還會讓其他同樣感到失落或創傷的回憶閃現在腦海中，讓你想起自己曾經感受不到愛、不受歡迎或不安全的時刻。由於沒辦法按照自己理性的意識表現，希望當初能夠做出不同的選擇，或者以不真實的方法虛構了幻想中的前任，因而感到罪惡感或羞愧，通常還伴隨著憤怒。在所有情緒之下，都是因為彼此關係結束，前任離開而引起的深切悲傷。

當你度過了震驚、否認、討價還價和強烈的悲傷情緒等階段後，最美好的事情可能會發生：你接受了失去。你們的關係已經結束的事實開始浸潤進來。你可能不喜歡前任離開或者分手的事實，但開始看清現實：你們已經分手，而你仍然有自己的生活要過。你不再希望能回到過去，而是學會忍受痛苦的想法、情緒和身體感受。這些痛苦誠實地反映了你的失去，伴隨著尋找能繼續前進的方式。越是能夠接受分手，就越容易不帶有強烈的情緒反應來回顧它。你會看到這段經歷教導了一些關於自己的非常重要事情，在繼續前進時可以做出不同選擇。

這些不同階段的哀悼過程是否讓你感到共鳴？在思考它們與你的經歷之間的關聯時，讓我們先用萊拉的故事來練習一下。萊拉在和她的伴侶安東尼分手後開始接受治療。當將分手視為哀悼的過程時，她在日誌中寫下了以下內容：

當安東尼離開時我感到十分震驚。這一切完全都沒有道理，讓我無法相信。我哭著懇求他回來，但他對於和我成為情侶這件事不再感興趣。他說我們已經漸行漸遠，想走自己的路。回首往事，我在否認和討價還價的階段中徘徊了好幾個月。直到得知他已經和同事認真交往，我的情緒瞬間變得悲傷。一開始感到非常憤怒。我花了好幾個小時在腦海中大罵他，細數他如何操縱我以及有多麼虛偽。有個晚上我在一場派對上碰到了他們。當看到他們互相依偎時終於失控了。我直接走到他們面前，說了一些難聽的話，並且把飲料潑在他臉上，然後怒氣沖沖地轉身離開。雖然當下的感覺很好，但最終還是對自己的行為感到丟臉。其實在憤怒情緒的掩蓋下只有深深的悲傷，我們的關係結束了，而他似乎一點都不在乎。

隨著運用認知行為治療技巧來掌控一些症狀，我越來越能進入接受哀悼的階段。不再感到震驚，不再進行討價還價。即使有時受到某些觸發因素的刺激而重新出現憤怒和悲傷的情緒，但是現在不會一直停滯在那個階段。相反地，我會提醒自己仍有生活要過。需要放下安東尼以及我的痛苦，因為不能讓這次分手毀掉我。我知道可以為自己創造一個光明的未來，只需要不斷地練習這些技巧好停止我的症狀，改變我的反應，並放下過去。我的未來與安東尼無關，所以我需要繼續前行。

你是否從萊拉的故事中看到了哀悼過程？經歷分手一開始的震驚階段之後，萊拉在否認和討價還價中陷入困境，內心不斷地掙扎，不願接受彼此關係已經結束的現實。在得知安東尼已經和別人交往時，發自內心深處的憤怒、罪惡感和悲傷等情緒開始浮現。隨著運用認知行為治療技巧，她開始接受分手的事實，提醒自己還有更寬廣的人生要過。隨著這樣做，她越來越少花時間在哀悼的早期階段，更能夠專注於接受分手並繼續前進。

就像萊拉一樣，分手可能使你經歷了哀悼的過程。通常人們會按照順序經歷不同的哀悼階段，但在生活中遇到觸發因素或新情境時，人們也可能跳脫這樣的順序。無論現在處於哪個階段，你的目標是讓自己做到接受，讓前任和這次分手不再占據生活中的太多空間。

練習

為你的分手哀悼

你也可以像萊拉一樣，藉由哀悼過程回應這次的分手。把自己現今處於哀悼中某階段的感受記錄在日記裡。分手後是否感到震驚？試圖否認？是否與自己討價還價，想與前任重修舊好？是否感到被困在憤怒、愧疚或悲傷中？還是逐漸越來越能夠接受分手這個事實？是否能夠全然地接受這趟愛情旅程帶來的所有美好與痛苦經歷，而不是陷入前任上癮症狀的混亂漩渦中？

接下來我希望你思考一下你從這次分手中學到了什麼。這段關係出現了哪些正面的事？是否因為分手而讓你獲得實質好處？我們來看看萊拉的例子，在描述完哀悼階段後，她接著在日記裡繼續寫道：

儘管痛恨經歷了這次分手，但我從中學到了很多事情。如果安東尼沒有和我分手，我就不會深入探索自己的過去對於談戀愛時的表現有多大影響。母親在我九歲時過世，對於現在的我來說，那種被拋棄的情緒困擾似乎更明顯，這些問題影響了我和安東尼在一起以及他離開後的反應。我曾經認為他是最棒的伴侶，但現在才了解並非如此。儘管我愛他，但他真的很不成熟，我們實際上並沒有太多共同之處。然而我的童年核心信念使我緊緊地依戀著他，我知道我絕對不會離開他。因此就長遠來看，分手的結果可能對我們兩人都更好。也許這次分手最大的禮物就是發現我比想像中更堅強。如果我能度過失去母親和安東尼的痛苦，就能度過任何事情。

你越是能完全地接受這次分手，將其視為一次學習經歷，就越容易放下前任和痛苦。每當你探索自己的哀悼過程並練習接受時，都將自我照顧介入的努力記錄在日誌中。

當學習用更廣闊的角度看待人生旅程時，也能更容易看出在這次分手中你是如何在無意間造成自己的痛苦。也許這聽起來很奇怪，但在經歷一次前任上癮分手時，很容易覺得自己是受害者，受害於前任的行為和選擇，受害於你的成長環境，受害於世界的不公。這讓你很難在反省的過程中，發現其實是你造成了自己的心痛。然而一旦學會從更客觀、更廣闊的角度看待自己時，就容易脫離「受害者」的角色，轉而扮演「參與者」的角色。這種非常重要的觀點轉變，讓原本因為受傷而顯得脆弱的你，變得擁有能掌控自己人生的力量。人們總是希望能擁有可做出選擇的力量，因為這有助於你重拾控制能力，即使經歷了痛苦的生活仍能感到自己的內心十分踏實。了解自己在一段痛苦關係中扮演的角色，包含與前任交往期間以及分手後，也有助於培養對自己和前任的同理心和同情心。讓我們進一步探討這一點。

對你的角色負責

所有出現問題的戀愛關係都受到來自雙方的影響，除此之外還會對我們生命中的其他人產生連鎖反應。不僅前任做出什麼最終傷害到你的事情，你肯定也做了一些傷害他們的事。在經歷這次分手時，你還可能傷害了其他人，包括家人、朋友，甚至是你視為敵人的人，例如前任新交往的對象。對他人的傷害通常是在無意間造成，我們並不希望傷害他人，甚至可能沒有意識到我們做的事情是有害的。然而當處於最痛苦的狀態下，有時會故意懲罰那些我們認為導致這些痛苦的人。

一段失敗的關係產生的混亂和我們脫不了關係，而接受我們對其應負起的責任，能更容易放下過去的痛苦，因為別忘了我們都只是凡人。也就是說每個人都有缺陷，都有包袱。為了克服過去令人感到痛苦的經歷，每個人都在與它們進行一場不見得能被外人看到或理解的內心戰鬥。它們包括你的前任、父母、朋友，甚至是你的敵人。當我們笨拙地嘗試了解自己，並且想盡辦法處理創傷時，我們會對彼此造成某種程度的影響，有時甚至造成傷害。在愛情面前人人都平等，人的一生中都可能為此感到心碎。同樣地我們也可能傷害到別人的心。

當你對自己和他人造成了傷害，承擔起這樣的責任並不是要讓你感到羞愧，也不是要讓你停滯在自己犯的錯誤中。在某種程度上你同樣受到傷害，無論是在你的成長過程，與前任相處時或者過去的某段關係，很可能你曾被不當對待或凌虐。儘管如此，只要能將視角從我的前任對我做了什麼，轉向成我在這次分手中對前任、他人和自己做了什麼傷害的事，就能幫助自己獲得力量，因為這種轉變是你可以選擇的。你無法改變過去，但永遠可以改變現在的行為、反應和思維。

在這次分手期間，你可能對前任、他人和自己造成傷害的一些方式包括：

傷害前任

- 以侵略性的方式表達憤怒，例如吼叫、打人、辱罵，或故意說一些刻薄的話來傷害對方。
- 違反他們的界限，例如駭入他們的電子郵件，或者在他們要求停止時仍繼續與他們聯繫。
- 將自己的感受或行為怪罪於他們。
- 說謊、出軌，或試圖操控他們。
- 試圖破壞他們的名聲或其他關係。

傷害他人

- 太過專注於自己的問題，忽略了對愛你的人的支持。
- 自我孤立或者與朋友和家人疏遠。
- 忽略了愛你的人或忘記對他們重要的事情，例如生日、節日或重要的日子。
- 忽視責任，例如在工作上或在校的表現不佳，疏於照顧孩子或寵物等。
- 遷怒於前任的朋友或新交往的對象，例如在社交媒體上發表刻薄的評論，或公開散布私密訊息以傷害他們。

傷害自己

- 傷害自己的身體或情緒，例如自殘行為、暴飲暴食、過度飲酒，或放縱的性行為。
- 違反自己的價值觀和界限，例如做一些明知違背自己的道德或倫理原則的事情。
- 在知道應該離開的情況下，仍停留在不健康的關係或環境中。
- 因為犯錯而狠狠自責，例如責罵自己是個失敗者或一點用都沒有。
- 忽視自己的身體、情緒和精神的健康快樂。
- 被這次分手所定義，忘了你作為一個人的核心身分。

坦承你對他人和自己造成的痛苦是得到療癒的關鍵。事實上這正是十二步驟組織的基本原則之一，因為當你把自己看作是經歷了愛與失落的參與者，而不僅僅是受害者時，你的心將變得柔軟。你會開始感受到同情心、同理心，甚至對於前任、自己和整個分手歷程充滿感激。隨著這樣的轉變，即使別人永遠不為自己的行為道歉，你也可以為自己的角色做出修正。

練習

修正

將你因為這次分手而刻意或無意地傷害了前任、他人和自己的行為記錄在日記中。然後向每個人寫一封真誠的道歉信。你不需真正地分享這些信；事實上因為聯繫前任會助長前任上癮循環，我建議你在已經完全做好準備的時候再與他們分享這些感性的內容。儘管如此，向你想要更親近的人道歉通常有所幫助，因為展現自己的脆弱可以促進情感的連結。道歉表明了你關心他們，意識到可能因為自己的掙扎而傷害了他們，並對此感到抱歉。它還創造了一個關於如何彌補和修復彼此關係的對話。

當你思考該如何撰寫一封道歉信時，讓我們再用萊拉的故事為例子。雖然萊拉並不打算將這封信寄給安東尼，但她在日記中寫下如同親口對他說的道歉內容：

親愛的安東尼

當我對分手反省時，我知道做了一些傷害你的事情。我寄了一些內容刻薄的電子郵件和簡訊給你，在共同的朋友面前說你的壞話，用難聽的字眼罵你和你的新女友。之所以這樣做是因為你的離開讓我感到非常受傷和憤怒。我很抱歉。我為試圖讓你受苦和可能傷害你的方式道歉。你在我的生命中曾經是一個非常重要的人，我不想對你抱持任何負面情緒。我正在積極地改變自己，以便在前進的道路上不再故意傷害你或自己。

萊拉

萊拉也意識到由於對安東尼的愛情成癮，她可能傷害了一些最好的朋友和家人。當然愛你的人通常不會計較在彼此關係中的付出與回報，並十分樂意在你感到困難的時刻給予支助。但是在這次分手中你仍然可能傷害了他們或者彼此之間的關係，對此表示負責十分重要。萊拉寫給她最好的朋友蘇姬以下這封信：

親愛的蘇姬

你已經知道這次分手是我一生中最痛苦的經歷之一，我非常感激你在這段時間裡一直支持我。你是我最好的朋友，我愛你。為了擺脫這段黑暗的時光，我一直把注意力集中在自己的痛苦上，以致沒有像我希望中能做到的聯繫你、支持你。希望你能了解我為此感到抱歉。你對我來說非常重要。如果有任何事情需要我在你身邊支持你，我很樂意聽到你的消息。

愛你的萊拉

最後萊拉寫了一封信給自己。這對你來說可能感覺有些奇怪，因為我們通常不會向自己道歉或者對話。然而萊拉的愛情成癮症狀使她用最終會深深傷害自己的方式思考和行動。因此她也給自己寫了這封簡單的道歉信：

親愛的自己

伴隨分手而來的症狀使我用一種自己不喜歡的方式思考、感覺和行動。對不起，我要為自我迷失而道歉，為追求一個已不再愛我的人，為懷疑自我價值，為不照顧自己的健康，為喝太多酒，為忽略了朋友，為變得尖酸刻薄充滿恨意，為對安東尼和他的新女友發火而感到抱歉。我希望能變得更好，想再次感到快樂，因此正在積極地做出改變。我每天都在學習和練習新的認知行為治療技巧，拒絕讓這次分手帶我走向自我毀滅的道路。我承諾在前進的道路上要更好地對待自己和我愛的每一個人。

愛你的我自己

藉由修正自己的想法、情緒與行為，為自己扮演的角色負起責任，最終能帶給你力量。因為你能明白自己做了什麼讓情況變得更糟的事，承認它並且去改變。這也讓你能夠與愛你的人更親密地談論分手歷程，並修復在此過程可能出現的任何裂痕。隨著修正，你將逐漸接近整個療癒旅程中可能最困難的任務：原諒過去。

原諒的力量

原諒過去可能是你將要嘗試去做的最困難事情。因為當那些會傷害我們，或者自己所不希望的壞事發生時，例如這次分手，我們以自我為基礎的心靈會專注在所有應感到生氣並指責他人的原因。人們擅長記住誰傷害了我們，舉例來說你的前任、父母、朋友、家人、童年影響、上帝，甚至是你自己。當感受劇烈痛苦的時候，你不會想到原諒，因為先想到的是報復，或者得到一個能說服你某人值得被原諒的理由。

事實上原諒是一種選擇。這是一種放下對某人的憎恨或怒氣的行為，即使自覺曾遭受他們的不當對待。給予原諒並不是因為它應得的，而是為了不要讓現在的你被過去的痛苦所吞噬。原諒某人並不代表發生的事情是可被接受的；不代表贊成某人在道德或倫理上錯誤的行為；不代表他們的選擇沒有傷害到你。它甚至不代表你希望試圖原諒的人再次出現在生活中！原諒意味著你拒絕讓過去的痛苦摧毀你的現在；不會讓自己深陷於痛苦之中；不會把你的傷痛加諸在別人身上。當學會原諒後，就能從內心的情緒監獄中釋放自己，有時也釋放了對方。

當我們經歷了強烈的情緒傷痛，哀悼嚴重的失落，就像你經歷這次分手時一樣，實際上有兩種基本的選擇可以應對。可以選擇讓痛苦撕碎你的靈魂，將苦悶傳遞給周圍的每個人，並允許它摧毀你現在和未來能夠享受生活的能力。這種選擇可能讓你用自以為是的苦悶方式變得憤世嫉俗，導致你變得抑鬱和長期憤怒。另一種選擇，你可以積極地練習接受這次分手，將其視為成長的機會，並原諒過去的任何痛苦經歷，以免它毀了你的現在。換句話說，你可以一直專注於過去的痛苦，多年之後仍無法從前任上癮循環的泥沼中脫困；或者積極地練習原諒舊傷口，讓它們無法摧毀你的未來。可以明顯看出選擇後者將使你受益匪淺。

如果你相信有一個更高的力量，對某種比你更偉大的力量懷有信念，相信祂會慈善地眷顧著你，並掌控普世正義的法則，這可能對於你的原諒過程十分重要。從這個角度來看，我們無法理解生活中的每件事為什麼會發生，但可以相信一定有個更崇高的原因。即使無法掌控會發生什麼事，但有能力掌控我們對所遇到的每件事要如何回應。原諒的最終目標是用同情心、同理心、耐心、理解、謙虛、善良和寬恕做出回應，藉以反映人性最美好的一面，而不是最糟糕的一面。

練習

選擇原諒

你將開始進行非常困難的練習：原諒前任。一開始先把前任做過哪些讓你覺得受傷，感到難以原諒的事一件一件寫出來。清單上可以包括前任的行為、他們的選擇、說過的話、破壞的承諾、花掉的金錢、對你身體上的傷害，或者不斷盤踞在腦海中，讓思緒一直卡在過去的任何特別經歷。它還可以包括這次分手對你的心理、生理和精神健康產生的影響，例如讓你陷入前任上癮循環、傷害了別人、失眠、對人性失去希望、變得抑鬱、懷疑上帝等。將這一切都寫下來，毫不掩飾地呈現出自己的創傷。

看著自己寫下的文字，如果一直讓這些創傷徘徊在你的心智和情緒裡，想想看它們會造成怎樣的影響。如果不原諒前任，並且對過去始終懷恨在心，你會變成怎樣？如果原諒了他們又會變成怎樣？在權衡原諒的利弊後，積極地做出原諒他們的抉擇。你的前任以及任何曾傷害過你的人，和你一樣都只是個凡人。每個人都有自己的傷口、自己的痛苦，在他們一生中也都經歷了靈性成長。原諒並不是為了寬恕他們的行為，而是為了承認如果你積極選擇，可以放下正在經歷的痛苦。

讓我們用萊拉關於原諒的日記作為例子：

安東尼在和我分手後，馬上和另一個女孩約會，一想到他們甚至可能在我們分手前就開始交往，就讓我感到憤恨不已。他曾經說過我們會永遠在一起，他愛我，需要我在他身邊。事實證明這些都不是真的。我真希望讓他因為欺騙我而遭受懲罰，分手害我被傷得那麼重，感到迷失而久久無法走出。

如果不原諒他，憤恨和悲傷的情緒將不斷地從內心吞噬我。他做了一些事已經真正傷害到我，然而如果一直懷恨在心，即使我有足夠的理由感到憤怒，那又怎樣？我依然受困於過去的痛苦中。如果原諒了他，就等於選擇放下痛苦，這樣我就可以建立一個沒有他的新生活。所以我選擇嘗試原諒他。其實我可能也傷害了他，他的成長過程也並不順遂，影響了他在戀愛關係中的行為，就像我的情況一樣。我想他曾經愛過我，只不過後來變了，這也無所謂了。如果他已經不想再和我在一起，即使嘴裡承諾不會離開，我真的希望他留下來嗎？顯然不是。所以我想原諒他。我放下了過去，也希望有一天他原諒我，原諒我傷害了他。

執著於對前任的怨恨和憤怒會傷害你，因為它讓你陷入過去痛苦的被害者狀態。即使有非常好的理由讓你懷恨在心，但受困於這些負面情緒中只會傷害自己。除了前任之外，你可能還想原諒其他曾傷害過你的人，例如父母、舊情人，甚至是你自己。繼續練習原諒任何曾不當對待你的人，並將其記錄在日誌中的自我照顧介入欄位。

繼續向前

當你為已經逝去的戀情哀悼並且坦然接受時，可以透過承擔自己的責任、向這一路上所有被傷害到的人致歉，以及積極選擇原諒來放下過去的痛苦。無論對於自己或其他人，能發展出越多的同理心和同情心越好，因為每個人都經歷過一些震撼內心的事。在生活中你無法避開痛苦和失落，它們是人生旅程中必然發生的一部分。我們的目標是從每次不同經歷中學習，並在人生道路上做出能反映更好版本自己的選擇。

你現在所做的一切，都是為了釋放出能夠用來創造美好未來的能量。曾經被前任占據的空間，如今是一張等待你揮灑的空白頁面。在下一章，我們將確定並探索你的價值觀，這些你相信的基本原則是過著美好生活的核心，它們能引導你對未來做出選擇。

原諒意味著你拒絕讓過去的痛苦摧毀你的現在；

不會讓自己深陷於痛苦之中；

不會把你的傷痛加諸在別人身上。

當學會原諒後，就能從內心的情緒監獄中釋放自己，

有時也釋放了對方。

第八章 讓你的價值觀引導選擇

距離上一次與前任交談已經過了十個月。將這次分手視為一個哀悼過程有助於原諒我和她在先前相處時對彼此造成的傷害；修復在這段期間遭受池魚之殃的受損親友關係；並為我扮演的角色道歉。這麼做的時候就更容易放下傷痛，因為我能看清楚她正走在她的人生道路上，而我也有自己的人生要過。如果她不想再和我在一起，那是她的選擇，對她來說或許這是最好的決定！所以我需要放下她，專注於讓自己痊癒。

這次分手對我造成很大的影響，但我正在努力地繼續前進。現在最困難的地方是我不確定自己到底要什麼。沒有前任的生活會是什麼樣子？他曾經存在的地方現在變成一個巨大的空洞，我不知道該用什麼來填補它。此外我也需要重新找到自我，只是不確定該怎麼做。

我已經離婚三年了，終於走出前任上癮循環。朋友們鼓勵我再次約會。我覺得已經做好尋找人生另一位伴侶的準備，但似乎總是會挑到有損我健康的人。現在意識到我在童年時期已經養成一些有很大缺陷的基本核心信念，這些信念用非常不健康的方式影響我喜歡上誰。那麼該如何挑選對我有益的人呢？我覺得害怕，因為我絕對不想再次經歷同樣情況。

曾經情緒像是沉重的船錨一樣，將你牢牢地鎖在錯誤的基本核心信念之海。當你開始接受分手的事實，船錨便開始升起。儘管從前被心痛所困擾，但如今出現了可以創造新事物的空間，你將走向一個極大自由的境地。這部分的康復過程可能真的令人興奮，因為生活的大門已敞開，準備迎接全新的機會和經歷。不過你可能也和上述故事中那些前任上癮者一樣，如果不確定自己真正想要什麼，自由可能讓人望之卻步。

大多數人經歷了前任上癮分手後，好一陣子都會感到失落。你可能正在重新評估自己是誰，真正堅持的是什麼，以及在關係結束後要尋找怎樣的生命意義。當人類相信自己在這個星球上有某個目的時便能茁壯成長，它讓我們擁有一個在清晨起床的理由，激勵自己朝向宏偉生命計畫中真正重要的事物邁進。因此在這個轉變時期探索自己的價值觀，並用它們來指導你的選擇，能帶來極大的幫助。這樣做將能重建自尊，因為你會用一種自己認同，能使人生變得更有意義的方式生活。自我感覺越好就越願意冒險，讓自己投入下一場冒險旅程，結交新朋友，嘗試不同嗜好，甚至再次約會。因為你知道有一股內在的力量足以應付任何發生在自己身上的事。這一切都始於探索對你最重要的事物。

探索你的價值觀

個人價值觀是對於過著有意義的良好生活，所抱持的最重要且穩定的基本信仰。它們是定義最佳人性的原則，從別人身上看到自己想要仿效或感到欽佩的事物。同樣地你也能發現最讓人感到被冒犯和不舒服的特質。價值觀指導著你的好惡，用什麼標準評斷一個人是好或壞，以及人們應該如何生活的方式。

當思考自己的價值觀時，什麼會立即出現在腦中呢？也許你重視野心，欣賞那些勇於追求，即使面對讓人產生極大恐懼的失敗或自我懷疑也無法阻止他們的人。也許你重視謙遜，欣賞那些即使在獲得成功勝利後仍然謙虛的人，而對那些不斷吹噓或趨權附勢的人感到厭惡。也許你重視堅毅，對於那些經歷殘酷戰爭或虐待，卻仍能克服那種具有毀滅性困境的人感到驚嘆。也許是家庭關係；以尊重的態度對待他人；依據某種宗教信仰的傳統生活；懂得克制和自我約束，而不是沉迷於放縱；或者為爭取個人人權和自由而光榮地行事。

打從童年時期你就開始發展價值觀，當時你的家庭、文化、同齡層、朋友和初戀經歷等都教導了有關所處環境的社會規則。如同我們曾在第六章探討過的，透過觀察以及與周圍環境互動，你學到了什麼使某人成為社區中重要和有價值的成員。隨著時間過去，你接受了許多被自己文化灌輸，被視為與個人相關和多數人都認同的價值觀。其中有一些與美德相關的價值觀被大多數人視為人類經歷的核心，例如誠實、自由和正義，不過你最在意的事情才是獨一無二的。無庸置疑地，這次分手在某方面對你造成意義重大的改變，但你最珍視的價值觀可能仍然保持不變，因為它們在我們生活過程中往往相對穩定。

依據自己的價值觀而活，能讓生活變得有意義和有目標。當行為反映出你認為最重要的事物時，不用管其他人可能怎麼想，你將變得更真實和值得信賴。感到迷失或情緒變得脆弱時，可能會做出違背自己價值觀的行為，或者希望有人告訴你該如何生活。然而越是違背自己的道德價值觀，或者按照別人認為的價值觀生活，就會越感到失望，因為生活是否有意義並非由他人安排或決定。為了賦予生命意義，必須做出能夠反映自己最重要信念的選擇。當價值觀無法指導你的行為時，就會開始質疑自己的道德品格、誠信甚至是自信，因為你所說的話將變得無關緊要，沒有任何實際意義。一旦言行不符時，就會感覺自己像一個騙子，生活得不真實，這會讓人感到脆弱和失落。

理論上來說，個人價值觀應該反映在生活中的所有層面，其中也包括戀愛關係。因此讓我們探討對你來說最重要的事。

練習

評估你的個人價值觀

想想看以下列出與價值觀相關的名詞，有哪些能讓你覺得十分認同，也就是說能夠代表你真正堅持、不應該違反的價值觀。在這裡把它們圈起來，或者寫在日記中。如果有什麼你非常重視但並未出現在下述名單中的價值觀，可以將它添加在頁面空白處或者日記裡。（如果想查看更多關於價值觀的詞語，請隨時在本書的網址下載「戀愛關係中的個人價值觀問卷」：http://www.newharbinger.com/50379。問卷裡有更詳盡的詞語列表。）你的選擇和對錯沒有關聯，因此請認真考慮哪些價值觀對於過著美好生活最為重要。

成就	友誼	忠誠
承諾	自由	開放
溝通	誠實	和平
合作	獨立	個人成長
公平	直覺	自豪
家庭	仁慈	隱私
理性	安全	理解
尊重	服務	＿＿＿
可靠	心靈／信仰	＿＿＿
責任	韌性	成功　＿＿＿

接下來選擇五個對你來說最重要的價值觀，並將它們記錄在日記裡。請將這份列表放在身邊，因為在本章稍後我們要使用它們來指引你的選擇。

當想起和重新發覺自己最重視的價值觀時，你可以做出反映它們的選擇，因而提升自尊心和自我效能，也就是對生活方向的掌控感，所以對於心理健康十分重要。無論在邁向未來時遇到什麼困難，只要能依據自己的道德原則選擇，即使得不到他人的認同，你仍然能感覺自己變得強壯且更有力量。讓我們更深入地探討。

做出反映你價值觀的選擇

當步入生活中沒有前任的下一階段，你需要讓自己的價值觀指導如何抉擇。儘管聽起來很簡單，實際上做起來卻非常棘手，因為價值觀本身並不能告訴我們該如何具體行動好彰顯它的價值。舉例來說，如果忠誠是你的核心價值觀之一，你對於某種行為是否忠誠的看法可能與朋友、家人或戀人不同。如果把事情弄得更複雜一點，反映你價值觀的行為在你不同的生活領域裡，看起來可能截然不同。例如你對待朋友忠誠，和對待戀人或子女忠誠的標準可能不一樣。因此即使價值觀理應指導你的所有選擇和行動，實際行為卻可能因為主觀意識不同，以及情況不同而有所差異。

現在來看一些行為如何反映價值觀的例子：

・如果個人成長是你最重視的價值觀之一，你可能會不斷努力地更深入了解自己，藉由閱讀能自我提升的書籍、接受心理諮詢和參與能帶給身心靈平衡的活動。你可能會看不起那些表面膚淺或固執己見的人，因為你認為他們的行為違反了這個價值觀。

・如果你重視安全，可能只想與財務穩健且情緒穩定的人建立認真的戀愛關係。可能會選擇行為可預測的可靠伴侶，不喜歡隨便約會，因為這讓你感到不安全。

・如果成就是你的核心價值之一，可能會選擇在一間聲譽良好的公司擔任全職工作，因為對你來說成功和生活地位很重要。反之你可能會對那些看似懶惰或缺乏發自內心的動機，不願努力工作和取得優異表現的人感到惱怒。

・如果你重視家庭，可能會將時間優先保留給孩子、父母和配偶。可能看不起離過婚的人，並願意與環境不佳或失能的親戚保持聯繫，因為拒絕他們有違你的道德指南。

・如果獨立是你的核心價值，因為不喜歡做出長久的承諾，可能會逃避認真地談一場戀愛。如果某人太需要你，你會迅速離開。甚至可能不想擁有自己的房子或家具，因為背負房貸或者擁有那些無法裝入手提箱或背包的實際物體，會讓你感到窒息和受拘束。

・如果你重視友誼，可能會將大量時間投注在與他人的聯繫上。你願意解決衝突並參與朋友喜歡的事情，即使自己並不是真的喜歡，只不過想向他人展示友誼對你來說多麼重要。

．如果責任是你的價值觀之一，你會致力於認識自己的缺點並努力改變它們，同時為自己的錯誤道歉。當人們將自己的行為歸咎於他人、說謊，或缺乏個人責任感時，你可能會覺得惱怒。當孩子不整理房間或未按時完成家庭作業時會讓你生氣，因為這種行為是不負責任的，違反了你的價值觀。

在上述的例子中，是否看出特定價值觀和相對應選擇之間的聯繫？接下來讓我們在你的生活中探討這類聯繫。

練習

反思根據價值觀的選擇

在上一個練習中你選擇了五個最重要的價值觀，思考一下你如何將它們體現在當前的生活中。請記住從理論上來說，這些價值觀會影響生活中各方面的選擇和行為。所以在日記裡描述每個價值觀如何影響你的戀愛關係、育兒、友誼、家庭互動、職業選擇、學術追求、心靈修行、社區參與或生活中其他重要領域的表現。舉例來說，如果善良是你的核心價值之一，是否在遇到的各種情況中都盡量表現出和善的態度？無論對於同事、家人、朋友、前任或自己，是否都努力地用友善的方式溝通？是否會為自己不善良的表現而道歉？因為違背你的道德規範，是否會改變突然出現在腦海中的不善良念頭？

接下來要請你將自己在戀愛關係中違反價值觀的表現，以及現今生活無法呈現它們的行為都記錄在日記裡。正如我曾經說過的，經歷一次前任上癮分手往往會讓我們表現出與個人價值觀不一致的行為，最終讓我們感到羞愧和遺憾。以下是你在這次分手期間可能違反自己價值觀的一些表現：

- 如果重視誠實，你對前任或其他自己所愛的人說謊或試圖操縱他們。
- 如果重視尊重，你給自己和他人貼上負面標籤，或者蔑視自己不喜歡的人。
- 如果重視忠誠，你對前任出軌，與已婚或有固定關係的人發生曖昧或性行為。
- 如果重視溝通，你沒有用尊重的態度，誠實地與前任分享自己的想法和感受。或者吼叫、責備，並故意用言語傷害人。
- 如果重視直覺，當感到有些不對勁時，不相信自己的直覺。
- 如果崇尚靈性，你失去與更高力量的聯繫，或者言行舉止不能反映聖靈之道。

當你看出在戀愛期間以及之後的分手過程中如何妥協了自己的價值觀，現在應該採取行動了。想在生活中增加些什麼，好體現你的價值觀？有哪些事情永遠不會再做，因為它們與你的價值觀不一致？當考慮基於價值觀做出選擇時，我不希望你只針對「重大決定」去考量，例如選擇什麼工作、住在哪裡，或是否要生孩子。以上這些抉擇當然非常重要，它們將會對生活產生重大的影響，希望你的價值觀能夠影響或者已經影響了這些決定！然而每天你在心裡做出數百個看似微不足道的選擇，事實上對於幸福快樂的影響更大。例如假設同情心是你的核心價值，那麼當你用批判性的想法看待前任，認為感到掙扎的自己十分可悲，或者當嫂嫂喋喋不休地重複抱怨自己的悲慘故事時，你在一旁直翻白眼，以上行為都可能違反了這項原則。這些看似微小的行為也反映了你的價值觀。如果它們違逆了你宣稱的信念，也會損害你的自信和自尊。

此外我希望你能注意到，你認為違背了自己價值觀的行為很不可取，但是在他人眼中可能有不同看法。例如對你來說尊重很重要，當戀人做出被認為是不尊重的行為，像是經常很晚才回家，不認同你的感受，或者和別人打情罵俏等，都可能會受到你嚴厲的批評。然而你的戀人可能並非故意表現不尊重，甚至可能不認同你的看法，覺得他們的行為完全沒有問題！所以需要能將自己的價值觀，與你認為是否符合或違背它們的行為區分開來，這樣才能夠更有效率地與他人溝通。

最後當然有可能前任在和你談戀愛和分手後的期間，的確做了某些違背你價值觀的事情。把你認為前任違反了哪些價值觀以及確切的行為寫下來，然後使用認知行為治療的練習，例如全然的接納或原諒，來釋放你與過去痛苦能量的連接。提醒自己，前任的行為反映出的是他們的價值觀，代表了他們是誰而非你是誰。你想要繼續前進。此外每當注意到自己做了某些違反價值觀的行為時，暫停下來，把它們記錄在日誌中，並且進行自我照顧介入，直到你能夠做出更健康的選擇為止。

當你更有意識地將價值觀融入所做的選擇時，也許會想知道該如何將其應用於未來的戀愛關係。你現在可能對約會非常警惕，因為絕對不想再經歷一次前任上癮分手。此外當再次開始約會時，追求新伴侶也就意味著承認前段關係確實已經結束，同時會因新的愛情對象而再次變得脆弱。這些事情都讓人感到害怕，所以我要再次向你保證，維持單身也是健康的！先慢慢讓自己好好康復，不要覺得有壓力而倉促地再度投入約會世界。

在與他人相處的關係中，我們通常能學習到最多關於自己的事，尤其是在戀愛關係裡。因為與他人互動就像照鏡子一樣：你的反應總是告訴你一些關於自己的事情。即使接下來這段時間不打算再次約會，提前做好將價值觀帶入戀愛生活的計畫，能讓日後發展更為順利。所以讓我們探討一下你如何能做到這一點。

將你的價值觀應用於浪漫愛情

直覺已經讓你知道愛可分為很多種。對於戀愛伴侶的愛，和你對子女、父母、朋友、社會事業、國家或寵物的愛有相當大的不同。實際上新興的研究指出，在戀愛關係中至少有三種不同的愛會對大腦的不同部位造成刺激，它們分別是：慾望、戀愛和依戀。了解它們可以幫助你再次約會時做出符合價值觀的選擇。

戀愛關係通常始於慾望，實際上就是驅使你的性慾。在約會時，大多數人都會優先尋找那些能吸引自己性慾的人，無論是外貌、散發的氣味、穿著打扮和舉止等方面都讓我們感到受誘惑的人。也許這聽起來有點膚淺，但除非一開始你和對方的關係並非出自於愛，而是被迫接受別人的安排，否則多半會和在生理上吸引你的人約會。如果從對方身上感受不到半點性的吸引力，可能在首次約會後就不再聯繫，甚至連第一次約會都不會發生！因此慾望讓人開始尋找性伴侶，它讓你在社交場合中觀察他人，無論是在夜店、學校課堂上，甚至是在超市賣場。如果幸運的話，有人引起了你的注意：彼此目光交流，出現了化學反應，某些東西讓你覺得對方有吸引力。從生物學的角度來看，慾望是身體鼓勵你尋找並獲得性伴侶的方式，以便能產生後代好確保我們這個物種能繼續存活下去。大腦會透過分泌幸福荷爾蒙和神經傳遞物質來獎勵你尋找性伴侶，並與他們發生性關係。

與那些讓你產生慾望的人約會的問題在於，這與你的價值觀無關。慾望激發了生理反應和性慾，使其全力投入物種生存的演化行動中。任何人只要長得好看，或者有某方面的吸引力，就可以讓你產生慾望，包含那些你根本不認識、不喜歡，甚至不想接觸的人！而且你可以同時對許多人產生慾望，因為這與人的性格幾乎沒有什麼關係，而與他們的外貌或者帶給你的感覺更有關。因此儘管性慾驅使你被某人吸引，但讓你產生慾望的人並不一定能成為好的戀愛對象。

相反地，戀愛，或者說墜入愛河，是一種想與某個能讓你感到非常美好的特定人士在一起的強烈感覺。這種形式的愛情是這本書一直在探討的核心，因為它是大多數愛情成癮的基石。當墜入愛河時，你會出現強烈的占有慾，注意力全放在戀人身上，渴望得到他們全部的時間和關注，因為他們帶給你的感覺無法被取代。甚至人們用來描述戀愛的話語都暗示了它的力量：得了「愛情病」變得「神魂顛倒」，因為如此「瘋狂地」愛著某人，他們美好到讓你「無法呼吸」。愛上了某人後，他們就成為你內心世界的中心。然而就像慾望一樣，戀愛並不能確保你和戀愛對象都擁有相似的價值觀，因為它也是一種演化下的動力，為了鼓勵你與伴侶擁有孩子，並且負起養育的責任，時間長到足以讓孩子存活獨立。如果你們的關係始於慾望，然後進入了戀愛期，某人對你產生了性吸引，最終發展到兩人墜入愛河，可能在某個時刻你會驚訝地發覺自己愛上了一個實際上不喜歡或沒有任何共同之處的人！在長期的關係中，這很可能不會有好的結局。

你們的關係若是持續得夠久，可能會與伴侶建立起一種浪漫的依戀關係。它並不像慾望或墜入愛河那樣充滿激情，但它是最深層、最理性自覺的愛。依戀是一種舒適、安全和忠誠的連結。依戀通常也代表著更誠實地接納你是誰、伴侶是誰，以及準備共度人生的選擇。要成為並保持依戀的關係，也就是與另一個人朝著共同目標長久地生活下去，需要奉獻、承諾、關懷、理解和努力。儘管依戀並不能確保彼此的價值觀能相容共存，但是如果有人對於該如何生活以及讓生命變得更有意義的信念與你相似，你更有可能和他們保持依戀關係。

對於大多數希望能建立美滿又長久關係的人來說，最理想的狀況就是與能吸引自己慾望的人墜入愛河，正巧這個人又抱持著和你相似的價值觀。可惜這種狀況在現實生活中很難發生，因為我們通常受到慾望的驅使而開始約會，這幾乎與對方的內在是什麼模樣完全無關。也就是說，如果從慾望作為出發點，你與某人發生了關係接著陷入熱戀，結果可能是不得不與一個不認同你的價值觀、生活方式或人生目標和你都不相同的人保持最親密的關係。因此當重新開始約會時，希望你尋找的對象是因為彼此價值觀相近而受到喜歡。如果交往的對象對於如何讓生活變得更有意義的信念和你相似，最終兩人墜入愛河，因為欣賞他們的內在品格，你可能會更欽佩、喜愛並尊重他們。即使一開始你對新的伴侶沒有慾望，因為他們的外貌不是你喜歡的類型，但隨著相處的時間越久，可能因為分享共同的價值觀讓你覺得對方越來越有吸引力！即使沒有燃起熱戀的熊熊烈火，你也會變得更加喜歡與對方約會。因此讓我們幫助你做好將價值觀應用於未來約會的準備。

練習

準備重新約會

回想一下先前已經確定的個人價值觀。你希望在伴侶身上看到哪些價值觀？未來戀愛對象的哪些行為和生活方式能體現這些價值觀？舉例來說，你可能喜歡並享受與以下這類人約會：

・興趣或嗜好與你的核心價值觀相符合。
・擁有相似的政治觀點並根據這些信念做選擇。
・對於你喜愛的事物，像是藝術、音樂、旅行或寵物充滿熱情，並願意投入時間支持你。
・將時間奉獻給你非常關心的工作或活動，例如癌症研究、女權或環境保護等。
・擁有相似的人際關係和人生目標。

接下來考慮一下是否有任何你絕對無法容忍或接受的事情，例如違背你價值觀的特徵或行為，讓你可能不想與其交往。舉例來說，你可能不想愛上這樣的人：

・已婚或已經有了固定伴侶。
・抽菸或大量飲酒，或者完全不抽菸、不喝酒。
・宗教或精神信仰與你相衝突。
・政治立場或觀點與你相衝突。

· 對子女和家庭有不同的期望。
· 想要的關係類型與你希望的不同。例如永久的單一配偶關係、開放式性關係，或者隨意性關係。
· 具有你真的無法接受的個人特徵。例如說話或進食的方式讓你討厭、身材太矮或太高。
· 自我保健和衛生習慣很差。

當你再次開始約會，最好能夠察覺新對象的情緒是否有某些不穩定的警訊，或者因為他們本身有狀況而使得情緒出現病症。儘管和戀愛關係相關的題材範圍十分龐大，在這本書裡無法詳盡地探討每個層面，但如果新的約會對象經常表現下述行為，我建議你先暫停並重新評估你們的關係：

· 表達憤怒的態度完全不尊重人，或者出現傷害虐待等行為。
· 行為令人捉摸不定。例如有時一直打電話噓寒問暖，突然間又完全失聯；或者有時把你捧上天，有時卻表現得非常冷漠。

・害怕承諾或刻意和你保持距離。例如你看不出和他們在一起會有怎樣的未來，或者不想把你介紹給他們的朋友和家人。
・貶低你。例如用一半當真一半開玩笑的口吻嘲諷你有多愚蠢，或者用一種負面的方式拿你的外貌與他們認為極具吸引力的人比較。
・不會用尊重的態度表達他們的觀點。例如他們不去談論自己的想法、感受和觀點，反而責怪你哪裡有問題，或者認為你需要改變好讓他們覺得舒服一些。
・耍心機。例如用一些手段好讓你對他們感生興趣；故意讓你找不到他們，好營造自己是個重要人物的假象；或者試圖讓你感到嫉妒或受傷。
・毫無理由地懷疑你。
・用被動或含糊的態度溝通。例如不肯直接表達自己的感受，而是顧左右而言他地評論，暗示他們不喜歡你正在做的事情。
・試圖控制你或者占有慾太強。

任何經常以這些方式對待伴侶的人，勢必需要做出一些改變才有可能擁有健康的戀愛關係。同樣地，如果你注意到自己也有這些行為習慣，請停下來深切地思考一下該如何修正，因為這些行為無論對你或者你與任何人的關係，都有不好的影響（如果想更深入探討這個主題，請參閱本書末尾的「推薦閱讀的參考書籍」）。

當重新開始約會時，我建議你不要急著發生性行為，因為當多巴胺充斥身體，一旦喚醒或觸發對前任尚未解決的感情，可能會引發前任上癮症狀。此外發生性行為，即使是和你認為自己永遠不會愛上、不欣賞或者沒有任何相同價值觀的人，都可能使你更容易和他們墜入愛河。

繼續前進

當你確定自己的價值觀並根據它們做出選擇時，你會變得更加自信且真實。這使你有能力嘗試新事物，像是認識新朋友、嘗試不同的嗜好，甚至重新開始約會，因為你相信自己能應對任何迎面而來的機會及挑戰。並非所有選擇都會獲得好結果，也許在你嘗試了某件新事物之後發現自己很討厭它，這完全正常！我們大部分的學習都是透過經驗來的，有時它們可能不盡如人意。成長的關鍵並非絕不犯錯以便得到完美無瑕的結果，而是不要重蹈覆轍不斷地犯同樣的錯誤。

在最後一章，我們將回顧你學到的東西以及從開始閱讀本書以來發生的變化。我們還將重新評估你的症狀，並制定一個能讓你在前進的過程中繼續保持下去的計畫。

成長的關鍵並非絕不犯錯以便得到完美無瑕的結果，

而是不要重蹈覆轍不斷地犯同樣的錯誤。

第九章

真誠地向前邁進

距離上次和前任聊天已經過了一年。儘管這次分手令人感到極度痛苦，但我可以真誠地說它是一個經過偽裝的祝福。失去前任促使我重新檢視全部生活。我能用更誠實的角度看待處於戀愛關係中的自己，為何對親密關係感到困難以及原因出在哪裡。對待他人也能更有同理心和同情心。我正在學習原諒並放下心中的憤怒，正在做能反映自己價值觀的選擇，同時開始再度信任自己。我從不曾想過這次分手會帶來任何好處，但它確實有。

這十多年我已經不再是前任生活中的一部分，但每天我都在想她。離婚時，我並沒有好好處理這段關係。當時只想趕快轉移注意力，好逃避難以忍受的痛苦。隨著開始練習這些技巧，即使生活中面對的狀況完全相同，我的觀點已經完全改變。這是我第一次對我們的關係以及分手這件事覺得感激。我終於看到沒有她參與的未來出現正面的展望，這是多年來第一次對未來充滿美好的希望！

這次分手帶來的最大禮物是，我知道自己一個人也沒有問題。之所以能夠得到如此強大的領悟，都是因為我曾愛過並失去了我的前任。

你已經走過一段不可思議的自省之旅。第一次翻開這本書的時候，你可能真的很痛苦。所有曾經歷過愛情成癮分手的人都知道，這些症狀讓我們深陷痛苦之中。當處於如此悲慘的情況下，幾乎不可能用宏觀的角度看待自己生活地圖中那段關於愛情以及失落的故事。隨著症狀減輕而逐漸掙脫強大的痛苦束縛，看清自己的故事才變得較為容易。慢慢地你會發現，這段分手的經歷只是此生擁有的諸多重要關係的一小部分。

事實上你已經不再是與前任相遇之前的那個人，而這並不是一件壞事！生命之旅帶來的經驗將你塑形、幫助你學習，並給予你機會轉變成一個更坦率、更真誠的自己。這次分手不會只是把你變回遇到前任之前的你；相反地，你能將從這次經歷學習到的智慧融入自己的身分中。接受感情的失落將使一個更明智的你浮現出來，鼓勵你去發覺現在對你真正重要的事物。當使用價值觀指導自己的選擇時，一個更輕盈、蛻變後的自我從這灘有如沼澤死水般的經歷中冒出，開啟人生的下一段冒險。

在這一章中，我們將回顧自從你開始讓自己從分手中恢復以來學到了哪些東西，以及發生了哪些改變。在慶祝你的努力和獲得進展的同時，我們將針對仍然造成困擾的任何持續症狀設定目標，並為你在這過程中可能遇到的挫折制定計畫。讓我們從回顧你的學習並衡量你的進步開始。

回顧你的旅程

你現在對愛情成癮以及它如何影響你的分手經歷已有很多了解。從本書的第一部分開始，你了解到墜入情網看起來很像對藥物上癮，而且在分手後可能會帶來一些痛苦的症狀。你學到了愛情成癮分手的主要症狀：侵入性的思維、極度渴望、情緒困擾以及有害的行為，並且檢視它們與生活之間的關聯。你看到這些在前任上癮循環中出現的症狀，其作用就是驅使你產生與前任保持聯繫的渴望，因為和他們的親密感能讓感覺暫時好轉。然而在接觸結束後，你的症狀會迅速膨脹和升級，折磨著你，直到再次聯繫上前任為止。這種循環讓你陷入一個痛苦的症狀迴路，侵蝕你的健康、自尊和享受生活的能力。

在評估了自己的症狀以及對健康幸福的影響之後，你決定採取行動，練習許多用來介入前任上癮循環的認知行為治療技巧。使用自我監控日誌追蹤各種症狀，了解它們在生活中的運作模式。減少了與前任之間的聯繫，免得它助長了惡性循環。使用思維停止和反芻思考來對抗不受歡迎和令人不愉快的強迫性思維。克制與前任聯繫的衝動，而不是屈服於渴望。試著全然地接納你們的感情已經結束，並在行動之前考慮行為後果。還學會了識別和管理你的觸發因素，也就是生活中讓你想起前任，並使症狀惡化的任何事物。同時設定健康的界限，增加社交支持，並找到滿足你的身體、心理、情緒和精神健康需求的新方式。隨著不斷地練習這些技巧，你將它們記錄在日誌中的自我照顧介入欄位，並且用它來追蹤所有能幫助你繼續向前所付出的努力。

當開始感覺得到一些解脫以及能控制症狀時，本書的第二部分讓你深入挖掘，探索自己的思想和信念如何滋養了愛情成癮。學會識別與評估不真實且沒有幫助的紅旗思維，這些思維助長了你渴望靠近前任的慾望，例如否認已經分手的事實，將有害行為合理化，以及對未來倉促做出負面結論。探討了一些可能讓你一直對前任念念不忘的錯誤結論，例如相信他們是最好的，你需要他們才能完整，或者你可以讓他們改變等。還發現童年時期的困難經歷如何導致你對自己和他人形成負面的核心信念，這些信念可能會對你成年後的戀愛關係造成傷害。更具體地說，在童年時期發生過的任何讓你感到不安全和不值得被愛的經歷，都會讓你難以信任和親近成年後的戀愛伴侶。當意識到這些錯誤的紅旗思維和信念時，你使用了3Ds來挑戰它們：偵測到你的想法，辯論其準確性，分辨它們是否真實，好創造一個更有幫助、自我肯定，根據你自己和這次分手的基本真相而來的觀點。

在學會挑戰錯誤思維之後，本書的第三部分著重在幫助你為人生開創下一個精彩篇章。將失去前任視為一個哀悼過程，並探索如何接受這一事實使你能夠重新開始。將自己從分手事件下的受害者轉變為其中一方的參與者。在這個框架下，你檢視了自己在痛苦中扮演的角色，同時練習原諒以釋放過去的痛苦。你探索了個人價值觀，它們是過著有意義的生活中最重要的信仰，並在能反映這些價值觀的選擇中加強了自尊心。隨著自信增長，嘗試新事物變得不再那麼可怕，因為你相信自己有能力面對生活中的任何挑戰。甚至可能很快就決定重新開始約會，搞不好你已經這麼做了。

回顧所學到的大量訊息和技巧，我誠摯地希望現在的你感覺已經更好。你的症狀減輕了，觀點發生了轉變，且充滿自信地邁向人生的新篇章。這些確實是我們努力的目標，克服對前任的成癮，為自己創造一個真正想要過的新生活。讓我們花一點時間來看看因為自己的努力使你發生了多大的變化，重新進行「前任上癮者評估問卷」。

愛情成癮分手評估

如同你在第一章所做的一樣，請仔細閱讀「前任上癮者評估問卷」中的每一項聲明，根據你最近這一週的經歷，盡可能誠實地評估每一項的準確性，使用以下評分表：

1＝對我來說完全不真實
2＝對我來說稍微真實
3＝對我來說經常真實
4＝對我來說基本屬實
5＝對我來說完全屬實

侵入性和固執的思考

（　）時時刻刻都想著前任。
（　）一些關於前任的無益想法突然湧現腦海，接著思緒就一直卡在那裡。
（　）不斷重溫和前任相處時的曾經過往，或者假想排練現在想對他們說什麼話。

（　）希望能停止想起前任，但無法做到。

渴望聯繫

（　）渴望聯繫到前任（例如與他們交談或見面）。
（　）就算知道這會是一次負面的互動（例如發生爭吵），仍強烈地渴望與前任聯繫。
（　）幾乎無法做到不聯繫或尋找關於前任的訊息。
（　）當沒能聯繫到前任時，感覺糟透了。

情緒困擾和反應過度

（　）因為分手而感到情緒上極度困擾。
（　）自從分手後就再也無法感到幸福或快樂。
（　）自分手以來，情緒變得喜怒無常和容易激動。
（　）在情感上無法放下前任。

難以抑制且有害的衝動行為

（　）積極地想聯繫前任，或做些事讓自己感覺更親近他們（例如打電話給他們，發簡訊或查看舊照片）。

（　）背著前任積極地想獲取有關他們的訊息（例如透過社交軟體或共同朋友）。

（　）為能感到更親近前任，採取最終會傷害自己的方式（例如開車經過他們家，或和他們發生性行為）。

（　）用不健康的行為分散對這次因分手而造成痛苦的注意力（例如酗酒、吸菸或暴飲暴食）。

幸福的代價

（　）由於無法忘懷前任，連日常生活都無法正常地過（例如工作表現不佳，或者無法顧及身體健康）。

（　）由於這次分手，對於曾經喜歡的事物失去動力（例如和朋友見面或從事最愛的嗜好活動）。

（　）由於這次分手，自尊心受到了傷害。

（　）因為無法忘記前任，生活變得難以管理。

完成評分後，將所有二十項的得分相加，然後將分數與你在第一章進行第一次評估的分數比較。你的總分是否減少，代表症狀有所好轉？剛開始讓你感到最沮喪的那些項目，也就是在第一次評分時給出4或5分的項目，是否有所改善？留意在第一次填寫問卷之後健康上出現的任何改善，並花點時間感謝自己的努力。因為你每天都在努力改變，非常值得讚賞！如果注意到某些持續存在的症狀仍然造成困擾，那也沒關係；把它們先記錄下來，因為在本章稍後我們會繼續處理這些問題。

另一種評估你的改變的方式是觀察自從開始這段康復旅程以來，你的觀點發生怎樣的轉變。第一個練習是寫下你的愛情故事，詳細描述從與前任第一次相遇到開始閱讀本書之間發生的所有事件。現在是時候描述你在這次分手後的恢復歷程。

講述你的康復故事

把你的康復故事記錄在日記中。從閱讀本書的那一天開始，或者當你開始積極嘗試阻止成癮症狀，一直到此刻為止的心路歷程全都寫下來。包括任何對你來說重要的經歷，無論它們是最困難或最輕鬆的事情，新發現的有用技巧，令人難忘的時刻，一路走來的重要領悟等，但一定要描述隨著時間過去，你發生了哪些改變。

為了幫助你開始，我們先回憶一下瑪麗亞的故事。你可能還記得在第一章當她與生命中的至愛約翰分手後，就陷入前任上癮分手的痛苦中。瑪麗亞是這樣描述她的康復故事：

我努力地想讓自己從這次分手中復原，那時候的我十分淒慘。第一次填寫「前任上癮者評估問卷」所得到的分數非常高，幾乎所有愛情成癮的症狀我都有了：我無法停止思念約翰，渴望他，非常迫切地想要他回來，為了感覺能與他更加親近而經常違反自己的界限。我的身心健康都受到嚴重傷害，情緒痛苦極了，覺得自己非常可悲且不知所措。

練習這本書教導的認知行為治療技巧的過程並不輕鬆，但它確實幫助我改變。記錄自我監控日誌幾乎花掉了大部分時間，讓我感到疲憊！但它們也清楚地顯示要讓感覺變好就必須停止的行為模式。藉由設定明確的界限好斷絕與約翰聯繫，不再與他共度夜晚，並把家裡任何可能讓我想起他的東西全部清除掉，這些都是非常重要的事。我還發現3Ds特別有幫助。當回顧日誌裡的第一次紀錄時，那時錯得離譜的思維連自己都感到驚訝。我在心中把約翰描繪成無比完美的超人，這顯然是不準確的。對於早期童年學習那一部分，我仍在努力理解中。我知道一些有關性別和浪漫愛情的傳統文化信念影響了我，然而它們對我並沒有什麼幫助。為了在未來面對親密關係時能感到更加自在，我需要繼續梳理這部分的思維與信念。目前還沒有重新開始約會，但是已經知道應該尋找那些能分享共同價值觀的人，而不是受到慾望左右。我希望能愛上一個和我一樣關心家庭和社區的人，並且重視忠誠，因此承諾一定會在生活中做出更多符合價值觀的選擇，其中也包括我的戀愛關係。

整體來說我的症狀出現相當大的改善。再次開始享受生活！和朋友們有更多相處時間，重新投入喜歡的興趣嗜好，照顧好自己的身體健康，而且大多數狀況下心思不再集中於約翰身上。書中教導的真相讓我得以重建自尊心，知道自己有價值，值得被愛，約翰不要我並不意味著沒有其他人想要我。我曾經深愛著約翰，內心深處也真的希望他能幸福快樂。如果和我在一起得不到這樣的結果，那麼各自向前對彼此來說或許才是更好的辦法。對我來說，最重要的改變可能就是現在的我比剛開啟康復之旅時更加堅強。更了解自己是誰，知道在未來感情關係中我會做什麼、不會做什麼，以及理想中的伴侶是什麼模樣。這些確實是我將永遠珍藏的禮物。

寫完自己的康復故事後，將它和你在第一章所寫的故事比較。重新閱讀第一次寫下的故事後有什麼感覺？現在請你描述自己和前任，內容會和之前不同嗎？你有什麼改變？哪些事保持不變？花點時間好好體會自己的成長改變以及從這次經歷中學到的東西。

當再次回答完「前任上癮者評估問卷」以及描述自己的康復故事後，希望能看到即使不是全部，仍然有大多數症狀出現顯著改善的成果。如果答案是肯定的，請為自己鼓掌，因為所有辛勤努力總算獲得回報。在繼續邁向未來的時候，你絕對不會希望已經取得的進展又回到原點！因此你需要做好準備，以應對未來可能再次出現的症狀，或者那些沒有得到太大改善的症狀。保持好你的康復能量，隨時準備迎戰未來的挑戰。

保持成長並突破障礙

經過這段期間的練習，現在的你已經十分明白想從前任上癮分手中走出來，大量的努力絕對不可少。真正地做出改變需要巨大的決心和承諾；意識到自己的症狀是改變的第一步，評估什麼原因驅使了它們，並且採取行動日復一日地與它們抗爭。每天為了讓自己復原所做出的數千次抉擇，如同利滾利般地交互影響而造就你的成長。改變需要付出極大的努力，如果擔心一輩子都會這麼辛苦，那麼我可以向你保證，隨著時間過去，這個工作會越來越輕鬆。就像是治療的目標不會是永遠接受治療一樣，康復的目標自然也不是要你每天練習這些技巧。目標是讓你認識前任上癮循環，並熟悉如何使用認知行為治療技巧來阻斷症狀，讓你覺得能夠掌控發生在自己身上的經歷，能夠維持幸福，並幫助你度過未來任何艱困時刻。

練習的頻率越高，這些技巧也會變得更加自然純熟，某個時候甚至能不假思索地習慣性使用它們。例如使用偵測、辯論和分辨這種3Ds方法來挑戰錯誤思維，一段時間後你會在紅旗思維出現時立即辨識出它，完全不需再靠紙筆記錄分析就能重新架構它。同樣地，隨著越來越擅長思維停止技巧，一旦具有侵入性的思維模式進入頭腦時，你將自動採取行動。隨著越來越能掌握這些技巧，它們將融入你的生活方式中，不僅使前任上癮症狀得到很大程度的控制，而且無須刻意努力。在某個時候，也許是今天、明天或者一年後，你可以不再需要定期練習這些技巧，因為對前任上癮這件事將不再影響你的生活！

然而儘管不斷地勤奮練習本書教導的技巧，有些症狀仍可能持續存在，無法如期望中那麼快消失。就和所有上癮行為一樣，再次進入前任上癮循環的舊模式很常見。可能在任何情況下復發，但是那些與前任有關且在你意料外的觸發因素，例如突然遇到他們或聽說他們要結婚的消息時更容易發生。除此之外，當多巴胺濃度飆升或者情緒感到亢奮的時候，例如陷入新的熱戀中或者發生性關係時，即使這些看似與前任一點關係都沒有的情況也可能讓症狀復發。因此你需要考慮未來可能會對自己造成困擾的情境並提前做好準備，就像我們在第三章探討觸發因素時的做法一樣，以免再次陷入前任上癮循環。

未來可能使你的症狀再次出現的一些常見情況包括：

- 意外地接觸到前任。
- 經歷重大的生活轉變，例如搬遷、新工作或親人去世等。
- 壓力特別大的時候。
- 約會或者與某人發展出新戀情。
- 與新的約會對象發生性行為。
- 進行賭博等某種行為，或者使用酒精、大麻等物質而感到情緒亢奮。
- 得知前任即將結婚或者與某人認真交往中。
- 聽說前任現在非常幸福，過著更加奢華的生活。

如果發現自己受到某種原因觸發而重新出現症狀，或者仍然在努力地應付持續存在的症狀，我們要做的第一件事是再次練習從本書學到的認知行為治療技巧。永遠會從填寫自我監控日誌開始，因為這是能獲得導致症狀出現的詳細原因的最快方式：在什麼情境下觸發了它們？哪些紅旗自動化思維使症狀加劇？以及哪些行為或反應使其變得惡化？用日誌追蹤這些症狀的同時，應用從本書學到的技巧來進行自我照顧介入：切斷聯繫，反芻思考和思維停止，克制心中的渴望，實踐全然的接納，考慮在行動之前評估行為後果，使用3Ds挑戰錯誤思維和信念，規劃好日常生活行程，進行自我照顧，設定健康的界限，並實踐原諒。所有認知行為治療技巧都是為了中止這種循環，所以直到症狀消退前都要不斷地練習。如果覺得無論怎麼做都沒有效，也不要害怕嘗試新方法。認知行為治療的目標是幫助你改變思考—感覺—行為模式，從而改善心理健康。如果所做的某件事沒有幫助或讓你感到更糟，請使用另一種自我照顧介入技巧，直到找到有效的方法為止。

你從本書學到的認知行為治療技巧，實際上只是眾多為改善心理健康症狀的小小入門方法。如果在這段康復過程中發現某個主題真的很有幫助或很重要，不妨更深入地研究它。舉例來說，你可能想獲取更多有關建立健康關係、建立自尊心、理解成癮、解開跨世代學習模式，或探索多元文化構成的訊息。一些可能幫助你探索未來戀愛關係中行為的主題包括：

- **共依附症（Codependency）：**探討對戀愛伴侶的不健康心理依賴。
- **早期童年學習和依附模式：**探討原生家庭的關係與互動如何影響你以及成年後的關係。

- **健康的戀愛關係：**學會與愛人建立有意義和積極的聯繫。
- **自尊和自我效能：**建立對自我價值和影響生活能力更強烈的信念。
- **成癮：**探討對前任、其他行為或物質成癮傾向對你的影響。
- **靈性或宗教發展：**探索你對更高力量的信仰。
- **冥想和正念：**不帶有批判地關注自己在當下的思想和感覺。
- **心理健康困擾：**努力治癒其他損害你健康的心理症狀，例如抑鬱、焦慮或衝動行為。
- **激進的誠實和自欺（Radical honesty and self-deception）：**學會如何對自己和他人保持誠實。
- **意義：**探索如何在生活中創造目標。

我在本書末尾列出了一些自己喜歡的參考資料，所有內容都非常值得一看，如果感興趣的話你可以繼續查閱。因為放下前任只是你人生的一部分，在更廣闊漫長的生命旅程中，了解自己並做出符合價值觀的選擇更加重要。當你為了創造生命中下一個偉大篇章而邁步向前時，我們要進行一些最後的思考，好強化你對成長和健康幸福的承諾。

最終思考

雖然這趟康復之旅是為了放下前任而啟程，但是在更深的層次上是為了理解和轉變自己。每個人都需要愛才能生存。從生物學的角度來看，因為受到性吸引力的影響使人對彼此產生好感，建立有意義的浪漫聯繫，並與我們最愛的人結合在一起。越是能將每一段關係視為深入了解自己的機會，也包括分手的這一段，你就能獲得更多訊息，做出使自己長久受益的選擇。

放下前任其實意味著達到一種內在平和的狀態，讓你可以不帶有任何強烈情緒地真實看待他們。因為和愛某人相反的並非憎恨他們，而是與他們毫無瓜葛且感到漠不關心。當發覺可以完全不加以修飾地清楚描述分手的往事，心中不再出現一絲漣漪，就代表你已經真正放下前任了。也就是說當你能夠真實地面對曾經歷過的不可思議的美好、難以承受的痛苦，以及血脈賁張的暴怒，情緒卻不再跟著起伏波動，那麼你就重新獲得了力量。對你來說已無關緊要的前任再也不具任何影響力。更棒的是，或許你會對整個戀愛和失落的經歷抱持深切的感激之情，因為它成就了你今日的成長。

由高空俯瞰你的生命地圖有助於放下前任，因為從該視角看待這段分手的感覺不那麼個人化。當沉陷在分手時戲劇性的細節裡，所有令人心碎的畫面歷歷在目，彷彿仍能嗅聞、品嘗和觸摸到正發生在自己身上的痛苦場景。然而若能和它保持一段距離，生命地圖的全景就能逐漸浮現。從高空俯瞰，可以看到自己從出生到現在的成長之路。你的地圖延續自父母和祖父母的地圖，但彼此又是獨立的。隨著成長，你的地圖也跟著展開。因為生活環境的不同加上自己的選擇，朋友、同齡層，最終是戀愛伴侶形成了你地圖上相互交錯的道路。每個人都是獨立的個體，走在自己的人生旅途中。

從最高的視角看待你的生活，有助於讓你了解每個人都有自己在愛情中獲得與失落的故事。每個人都有一張屬於自己的生命地圖，而你不可能完全理解或看清它們的全貌。每個人所走的道路都曾與其他人交會過，當關係結束時留下了痛苦。儘管我們有著獨自的地圖，但彼此也會相互聯繫。我們所做的每一個選擇都會對其他人造成影響，經常在不知不覺中將我們有害的包袱傳遞給最愛的人。你的父母有他們自己的痛苦，可能以一種他們不理解或看不到的方式又將痛苦傳遞給你。朋友、同齡層和約會伴侶所遭遇的困難或痛苦也可能傷害到你，你的前任自然不例外。每個人都有自己的傷痛需要背負，並且從人生旅途中學習教訓。儘管對我們來說，自己親身經歷的掙扎才是最真實明顯的，但也別忘了其實我們所遇到的每個人都有自己掙扎的地方。當彼此的道路相互交會時，他們影響著我們，我們也影響了他們。

因此當你繼續前進並不斷地在戀愛關係中認識自己時，請努力展現人性的美好。用同理心對待所遇到的每個人，因為我們都要從人生旅程中學習。每個人都會犯錯，在這個過程中可能傷害了自己和他人。我們的目標是從這次經歷中學習，原諒錯誤，並在前進時表現得更好。無論這次分手經歷看起來有多糟，一定會帶來一些能從中獲得智慧的禮物，藉由這種智慧，讓我們以優雅的步伐和開闊的心胸繼續前進。懷著憐憫之心進入這個世界，即使別人對你無禮也要尊重地對待他們。並非因為他們值得被尊重，而是因為你選擇表現出最好的自己，無論別人是否也這樣選擇。選擇智慧和成長而非憤怒，即使在邏輯上有合理的理由懷恨在心。當已經做好準備時，也不要讓這次分手阻礙你繼續尋找愛情。永遠記住基本的真相，那就是你就是你，你的價值不取決於其他事物，無論是否與前任在一起。

致謝

在我個人生活以及專業領域中，如果沒有獲得那麼多人給予的龐大支持，不可能完成這本書。感謝我的母親凱倫・華倫博士，她教導了我批判性思維。感謝我的丈夫卡爾，以及孩子伊莎貝拉和凱恩，在我專心寫作時給予鼓勵。感謝麥卡利斯特學院、德州農工大學、麥克萊恩醫院、哈佛醫學院以及美國心理學會的少數族裔獎學金計畫中我所敬愛的師長們，他們幫助了我探索人類經驗。感謝我的學生和同事，他們幫助我不斷擴展對心理健康的了解。感謝 New Harbinger 出版社的編輯群在我寫作的過程中給予卓越的反饋。所有人當中或許最重要的是，在過去二十年間讓我走進他們內心世界的客戶們，我由衷地感謝你們。

推薦閱讀的參考書籍

這裡列出了一些在康復的旅程中對你有所助益的參考書籍：

- 發展健康的關係：《脆弱的力量》，馬可孛羅出版社，2013，作者：布芮尼 · 布朗；Mating in Captivity: Unlocking Erotic Intelligence, by Esther Perel （2007）。
- 共依存症：《每一天練習照顧自己：當我們為自己負起責任，就能真正放手，做自己》，遠流出版社，2014，作者：梅樂蒂 · 碧緹；Facing Codependence: What It Is, Where It Comes From, How It Sabotages Our Lives, by Pia Mellody, Andrea Wells Miller, and J. Keith Miller （2003）。
- 愛情成癮：Anatomy of Love: A Natural History of Mating, Marriage, and Why We Stray, by Helen Fisher （2016）; Exholics: Breaking Your Addiction to an Ex Love, by Lisa Marie Bobby （2015）。
- 靈性及宗教探索：There's a Spiritual Solution to Every Problem, by Wayne Dyer （2003）; Sacred Contracts: Awakening Your Divine Potential, by Caroline Myss （2003）。
- 早期童年學習與依附模式：Attached: The New Science of Adult Attachment and How it Can Help You Find-and Keep-Love, by Amir Levine and Rachel Heller （2012）。
- 建立自尊和自我效能：Ten Days to Self-Esteem, by David Burns （1993）; The Feeling Good Handbook, by David Burns （1990）。
- 克服其他精神健康問題（例如焦慮和沮喪）：The CBT Toolbox, 2nd ed. By Jeff Riggenbach （2021）; The Negative Thoughts Workbook: CBT Skills to Overcome the Repetitive Worry, Shame, and Rumination That Drive Anxiety and Depression, by David Clark （2020）。
- 發展生活的意義與目的：《活出意義來》，光啟文化出版社，2012，作者：弗蘭克。
- 練習原諒：Forgiveness Is a Choice: A Step-by-Step Process for Resolving Anger and Restoring Hope, by Robert Enright （2001）。

【讀者迴響】關於「前任」，是你我的人生課題

迴響① 為自己好好綻放

台南／黃藍芬／感情狀態：已婚

世間每一場離別，都是迅雷不及掩耳的，或許一聲「再見」真的就再也不見，不管心裡做過多少次練習，當離別成為事實，依舊能讓人撕心裂肺。昨日的現任，今日的前任，當身分改變，甜蜜往事立馬幻化成泡沫消失無蹤，就像不曾擁有一般。有人說治療失戀最快的方法，是馬上再愛上另一個人，但千瘡百孔的心，早已摧毀的自信心，怎敢奢望下一個會更好。關於「愛情」，或許這也是一種習慣的綑綁，潛在地回憶之前的美好點滴，鴕鳥心態讓自己一直沉浸在希望裡，盼望對方回頭再次相逢，找回往日的情懷。

其實，從來沒有一種分開是因為你不夠好，兩個人能走在一起，不是因為你很好，而是因為他喜歡你，很單純的你是你，因此不必要覺得自己不夠好，更不需要拿自信心去祭奠你們的愛情。雙向的愛情才值得讓人珍惜，不對等的人離開，或許也是一種幸福。與其老猜想著對方愛與不愛，擔憂著何時離開，不如做那個最棒的自己，為自己好好地綻放。

《和前任說再見》一書精準地點出傷痛原因，傷痛當然不是看書就能治癒的，但利用作者提出的幾樣記錄方式，檢查自己是否前任上癮，幫助你在混亂的思緒裡，釐清自己內心的聲音。當我們了解自己時，很多答案也就抽絲剝繭地明朗出來，治癒傷痛最佳的方式，是和

痛苦和解而非逃避，時間是走出來最好的方法，清楚搞懂自己，其他的就交給時間吧！

迴響② 重新找回自我價值

新北市／小棋 P 楓書閣／感情狀態：剛結束一段感情

還以為對前任上癮是一件沒什麼大不了的事情，原來它是可能危害我們的心理和身心靈惡夢般的循環，讀完這本書之後我才逐漸恍然大悟。

本書作者筆觸流暢感性，抒寫多個實際訪談例子讓讀者們產生共鳴，以為失戀是一件可以輕易抹除的過去，但是作者卻告訴我們必須學會誠實覺察評估自己過去到現在的感受，愛情成癮是如何慢慢摧毀你的生活。善用寇特妮・索德林・華倫博士書中所提到的練習，勇於嘗試向分手哀悼，讓為前任分手感到痛苦的朋友脫離有害的成癮症，透過這段關係蛻變而自我成長。

願看完這本書的讀者，都能重新找回自我認知價值，為自己的人生開創新的未來。

迴響③ 走出前任的陰影

台南／安貝小姐／感情狀態：單身（分手三年）

看了這本書的部分章節，一直讓我想到前幾年那部紅極一時的電視劇《俗女養成記》中的陳嘉玲。她在經歷辭職與分手後，當弟弟陳嘉明從台北載著她回台南的路上，她在這趟南返的路上演繹了「悲傷五階段」——否認、憤怒、討價還價、憂鬱、接受。當然，戲劇的演出帶點誇張的成分，不過當我一邊讀著文字，一邊回想失戀時的自己，竟也從戲劇和文字中看見自己的影子。

這本書從「愛情成癮」談起，從失戀時的狀態、出現的症狀，到分析是什麼讓我們陷在走不出的前任陰影，最後提供解方，引導讀者從傷痛中釋懷、痊癒，能重拾信心，再一次走入下一段情感。

我很認同作者在書裡寫的「閱讀本書，我鼓勵你不要用批判或嚴苛的態度看待自己、前任或者過去的人生，過程也並非要讓你對過去的傷痛產生憎恨、失望或難以釋懷，相反地，這是一段自我探索和自我成長的旅程。」

愛情，是帶著美好與痛的經歷，相愛時有多麼熱切，失戀時就可能有多痛苦，這樣的過程也許難受、也許椎心，但除了將它視為過不去的關卡，它也可以是一段「蛻變」的歷程，走過之後，就是全新的自己。

最後，超級無敵同意譯者說的，如果當初分手的時候，能早一點遇到這本書，也許當時，就不會痛那麼久了！

迴響④ 變成更好的自己

高雄／風詠芸／感情狀態：單身

能讓自己接受並平靜地看待分手後的自己，真的很重要，即使想再交下一任，都要先把上一任的「感受」和帶給你的任何事物、「情緒」一併處理完畢。

作者會舉些例子，並告知我們如何有效地解決分手後給自己的「上癮感」，也帶領著正在歷經反覆折磨自己的人，練習恢復健康的生活。在書中我認識到了新名詞「前任上癮者」，才深深明白當時自己原來也在經歷這情況。

話說在「很久之前」，我也正處於「前任

上癮者」的階段，那時我真的不知道原來我這是上癮了。當時他開始莫名地對我冷漠，也不再主動傳訊息，我找他時也是愛理不理，不然就是說我想太多之類的，我想實驗看看到底為什麼突然這樣，所以我開始不主動也不傳任何訊息，結果我就這樣被「丟掉」了，我真的覺得莫名其妙，之後開始出現作者所說上癮者會出現的症狀，不斷地重複，也跑去跟好友訴說，說「自己是不是哪裡做錯了？為什麼會這樣」等等的自我貶低的話語。持續一段時間後，我發現我正在嚴重地內耗，可能是我還保有一點理性，所以開始著手排除這上癮狀態。書中作者所提出的「自我監控日誌」是很不錯的選擇，我當時也是透過不斷記錄，查看自己的狀態。

很喜歡書中的一句話：「當前任不再是你世界的中心時，你可以變得更強大，成為更真實的自己。」

我們往往都忽略了自己的感受，把對方放在第一位，即使分手了還是會依依不捨，但受罪的終究是自己，對方會找到屬於他的幸福，那我們自己呢？多為自己想並不是壞事，「前任」也是人生中的一個課題，使我們成長蛻變，讓我們變得更好，享受這世界的美。

如果你正在經歷「前任上癮者」的痛苦，不妨看看此書，它會讓你成為更好的你。

迴響⑤ 早一點看到這本書就好

台北市／Mia／感情狀態：剛分手不久

如果早點看到這本書，也許第一次失戀就不會在泥濘中痛苦掙扎這麼久了！

科學家曾做過一個研究，分手的人因為心太痛了，他們的大腦以為正在經歷身體上的痛苦。如果你和這個人交往得比較久，腦中會有數千個神經元都和這個人有關，當你的腦要重設這些神經元，去接受這個人已經不在的這個事實，就像戀愛一樣，需要一段時間讓腦神經重新連結。

我認為談戀愛就是更清楚明白自己要什麼不要什麼、適合什麼，不一定要從一段感情中學到什麼，開心就好。

就像吃自助餐一樣，吃過一次牛排，或是甜點吧的布丁，就會知道原來我不喜歡太生硬的肉，或是我喜歡不那麼甜的甜點，而下次就可以選擇更適合自己的。

分手，就是宇宙認為看到你在這個段感情裡受盡委屈，只要你鼓起勇氣說再見，就會被獎勵新的開始。

CBT Skills to Heal the Pain of a Breakup
And Overcome Love Addiction

Creative 196

和前任說再見

陪你克服分手後的痛苦與愛情成癮

作者｜寇特妮・索德林・華倫博士
翻譯｜屈家信
出版者｜大田出版有限公司
台北市一〇四四五中山北路二段二十六巷二號二樓
E-mail｜titan@morningstar.com.tw http://www.titan3.com.tw
編輯部專線｜（02）2562-1383 傳真：（02）2581-8761
總編輯｜莊培園
副總編輯｜蔡鳳儀
行政編輯｜鄭鈺澐
行銷編輯｜林聲霓
校對｜黃薇霓／屈家信
內頁美術｜陳柔含
初刷｜二〇二四年十二月一日 定價：四二〇元
網路書店｜http://www.morningstar.com.tw（晨星網路書店）
TEL：（04）23595819 FAX：（04）23595493
購書Email｜service@morningstar.com.tw
郵政劃撥｜15060393（知己圖書股份有限公司）
印刷｜上好印刷股份有限公司
國際書碼｜978-986-179-921-6 CIP：544.37/113015899

國家圖書館出版品預行編目資料

和前任說再見：陪你克服分手後的痛苦與愛情成癮／寇特妮・索德林・華倫；屈家信譯.——初版——台北市：大田，2024.12
面；公分.——（Creative；196）

ISBN 978-986-179-921-6（平裝）

544.37　　113015899